Het beste van Night Writers

Het beste van NightWriters©

PART II

Uitgeverij Podium
Amsterdam

© 2009 Uitgeverij Podium

Het copyright op de afzonderlijke verhalen berust bij
de auteurs
Samenstelling NightWriters in samenwerking met
Uitgeverij Podium
Omslagontwerp Studio Jan de Boer
Typografie Sander Pinkse Boekproductie

ISBN 978 90 5759 329 1

Verspreiding voor België: Van Halewyck, Leuven

www.uitgeverijpodium.nl
www.nightwriters.nl

Inhoud

Vooraf

We doen het nu drie jaar samen. Oorspronkelijk alleen 's avonds laat, als het donker was, maar deze zomer voor het eerst ook op klaarlichte dag, in de buitenlucht, terwijl er een paar honderd mensen toekeken.

Lowlands, Mystery Land, Rottepop, Het Glazen Huis van 3FM, Film by the Sea, de Uitmarkt, ons eigen Walhalla-festival: overal betraden wij nightwriters als de marskra-mers van de literatuur en literette het podium en sloegen we het publiek om de oren met het Gesproken Geschre-ven Woord.

We kunnen tegenwoordig het daglicht velen, maar onze natuurlijke habitat is en blijft de nacht. In nachtclubs, in duistere theaters en natuurlijk in ons vaste honk, het Comedy Theater in de Nes in Amsterdam; daar, waar de drank rijkelijk vloeit, voelen wij, schrijvers van de nacht, ons als rum in een Mojito.

Drie jaar zijn we nu bezig en we krijgen er steeds meer lol in. Zingende nachtschrijvers, dialogen, triologen, covers, quizzen, quatsch — we deinzen nergens voor terug.

En we gingen internationaal. Niccolò Ammaniti, de favoriete schrijver van Saskia Noort, Herman Koch en

Kluun, kwam langs, net als Candace Bushnell (*Sex & The City*). Zij giechelde ons — na anderhalve fles champagne, dat wel — een van de mooiste complimenten in ons prille bestaan toe: 'We should have this in New York!'

In deze tweede NightWriters-bundel staan verhalen waarmee we het publiek het afgelopen jaar hebben ontroerd, hebben laten gieren van het lachen en met open mond hebben laten luisteren.

Lees hem, liefst 's avonds laat, schenk er een goed glas bij en geniet. De donkere stem van Tommy Wieringa, de eindeloze benen van Renkse de Greef, het Italiaanse accent van Niccolò Ammaniti, de jurkjes van Susan Smit, de Vlaamse tongval van Christophe Vekeman en de gebaren van Bart Chabot moet u er zelf bij denken.

En kom een keer langs in het Comedy Theater of waar dan ook in den lande komend seizoen.

Kluun

> *'Iedereen wil met me naar de kroeg. Niemand*
> *wil met me naar bed.' De hoofdpersoon uit de*
> *roman* Mijn vrouw heet Petra *van Hans van*
> *der Beek vat zijn leven even samen. Het leven*
> *van een geschiedenisleraar met een obsessie voor*
> *Chantal Janzen.*

HANS VAN DER BEEK

Oger en ik

Een man houdt van katten of van honden, van New York of niet, maar hij laat zich net zo goed kennen door de mouwlengte van zijn colbert. De regel is: eerst horloge, dan hemd, dán pas het jasje.

Lekker te kort.

En dus niet de mouw tot halverwege de hand – zo'n colbert met een loshangende duim.

Daarmee ontmasker je jezelf als kledingbarbaar, of gewoon als Nederlander, het land van 'veel voor weinig', het land van Peek & Cloppenburg, van C&A, het land van 'Mijn man heeft een pak nodig', waar vaders hun zonen niet, zoals in het Latijnse deel van de wereld, op hun zestiende verjaardag voor het eerst meenemen naar de lokale kleermaker, waar het eerste pak wordt beleefd als de eerste zoen.

Ik moet zeggen: ik ben gisteren bij Oger geweest.

Enthousiast personeel, zeg. Of personeel, personeel... In deze winkel werken adviseurs. Trouwens, winkel, winkel... Hier houdt men het op grand café. Of nóg beter:

11

sociëteit. Hier komen heren even in en uit, voor een kopje koffie en een praatje, even bijpraten over de *do's and don'ts* in de wereld van stijl, en inderdaad, af en toe kopen ze een pak.

Ik was nog niet binnen of er stond er al een naast me. 'Leuk dat u er bent, ik ben Dennis. Kan ik u helpen of wilt u even rondkijken?'

'Ik kijk even rond.'

'Ik sta daar, mocht u iets willen vragen, dan roept u mijn naam, Dennis.'

Dus daar liep ik, tussen de rekken met pakken en nog meer pakken. En dat is dan ook weer het goede aan Oger: ze herkennen de dolende mens. Drie minuten later stond een meneer naast me die zich voorstelde als Oger.

Oger zelf. Hij zag mij blijkbaar als een interessante uitdaging.

'Je eerste pak?'

Ik moest eerlijk zeggen van wel.

Het is 'oosjé' overigens, Frans uitgesproken, dus niet 'ooger', als in wasdroger. Dat zeggen alleen de mensen die hier nooit komen.

Ik hoorde voortaan dus bij het oosjé-deel van de bevolking. Al dat volk in de lerarenkamer, of die figuranten: ooger-mensen. Chantal Janzen: oosjé. Peter Pruiser: oosjé. Dan heb je je geld er al voor een groot deel uit.

'Wil je een kop koffie? Of een wijntje? Dan gaan we een kindje maken samen.'

'Excuus?'

'We gaan combineren, creëren, we zoeken precies dat overhemd en die das die je past. Ik noem dat een stukje *soulsearching*.'

Ik bestelde een witte wijn.

'Ik ga je uniek maken. Ik neem je mee op een reis door deze winkel, zeg maar gerust, door deze bonbonnerie.'

Ik kreeg een witte wijn.

'Elke man heeft iets interessants en dat gaan wij accentueren. Let wel, zónder je te veranderen in iemand die je niet bent. Ik zeg altijd: je moet iemand kleden, niet verkleden.'

Ik begon langzaam te begrijpen waarom ze hier niet spreken van verkoop, maar van dienstverlening.

Oger liet me een Borrelli-pak zien, handgemaakt, zeventig man-uren per pak en geen druppel lijm en zelfs een beetje slordig genaaid, zodat je kunt zien: dit is potverdikkie een handgemaakt pak.

Daarna nam hij me mee naar de rekken van Etro, echt een funky merk, Etro, het hotste van dit moment, tenminste in het casual gebeuren. Etro is heel veel kleur, veel paars, roze, babyblauw. En dan een voering met multi colour stripes of met diagonale stoffen. Alles moest een gimmick hebben. Horizontale corduroy bijvoorbeeld. Of een blauw shirt met Ferrari-rood stiksel van binnen.

Een hand op mijn schouder: 'Niemand die het ziet, maar als je het 's ochtends aantrekt, weet je: hé, ik heb iets speciaals aan. En dan sta je toch 1-0 voor op de dag.'

Excuus?

'Dan sta je 1-0 voor op jezelf.'

Oger had al een marineblauw linnen pak uit het rek genomen.

'Op het eerste oog lijkt dit een sober jasje, maar dan doe je de revers omhoog en kijk eens, die prachtige gekleurde paisley voering.'

Ik zag een print die me deed denken aan de Beatles uit de tijd dat ze het vooral van lsd moesten hebben.

Toen klapte Oger het colbert open en ik zag de binnenvoering, een kakofonie van paarse en rode en blauwe vormen van een print waarvan ik inmiddels wist dat het paisley was: takken met bladeren in de vorm van wormen, insecten of andere psychedelica. Ik verwachtte elk moment een gele onderzeeboot.

Oger, hij zag dat het goed was. Weer die hand: 'Stel je voor. Op het eind van de avond, als je gaat betalen, dan gaat dit jasje open en dan laat je zien dat je een fashion-statement in huis hebt.'

Ik zag het. Ik zag het meteen.

'Deze rekening is voor mij. Nee, nee, Chantal, geen enkele discussie.'

En dan die jas open, met een zwierig gebaar. Misschien moest ik me vergissen en eerst naar de verkeerde binnen-zak grijpen. Dan kon mijn fashionstatement twee keer open en dan stond ik 2-0 voor. 2-0 voor op Chantal Jan-zen.

Nee, die kleine tweeduizend euro ging ik er makkelijk uit halen.

Hij heeft meer theaters en zalen van binnen
gezien dan alle andere nightwriters bij elkaar.
Bart Chabot bedrijft poëzie op zijn Rotterdams:
poëzie naar vooooooren!!

BART CHABOT

Mister Chocotoff

Op een vrijdagmiddag liep ik met Martin Bril en Ronald Giphart door het centrum van Almere. We zouden 's avonds optreden in het nieuwe theater: een futuristische constructie aan het water, met veel glas aan de buitenkant en een doolhof van gangen binnen.

We hadden gesoundcheckt, beroerd gegeten bij een plaatselijke Italiaan, en waren nu aan het winkelen. Of, zoals Martin het uitdrukte, de 'binnenstad aan het verkennen'.

'Bart!' riep Ronald opeens. 'Kijk daar! Een seksshop, daar gaan we heen, dat is echt iets voor jou.' Ik keek naar de winkelrij waar hij met zijn vinger naar wees. Naast een coffeeshop die doorgaans betrekkelijk weinig koffie schonk, te oordelen naar de klandizie die in de late-namiddagzon voor de deur rondhing, bevond zich Seksshop Miranda.

Ik kon zo gauw geen argument bedenken om níét naar binnen te gaan, dus gingen wij naar binnen.

'Dié moet je kopen, jongen,' zei Martin. We stonden voor een vitrinekast. 'Kijk, dat is spul van Lelo, uit Zweden, de

Rolls Royce onder de vibrators. Vertrouw maar op mij, daar doe je het thuisfront een enorm plezier mee, gegarandeerd.'

Dat mocht ook wel, dat ik daarmee thuis goede sier zou maken, want de geëxposeerde Lelo-attributen, die door een ultramodern designbureau ontworpen leken – was dat bureau soms ook verantwoordelijk voor het ontwerp van het Almeerse spiegelpaleis? –, kostten een paar honderd euro per stuk. Exclusief batterijen.

Ik wenkte de eigenaar. Die een Lelo maar al te graag aan me wenste te verkopen, maakte ik uit zijn enthousiaste gedrag op. Hij sprak mijn voornaam tenminste opvallend vaak uit en sloeg me daarbij meermalen hartelijk op mijn schouder. Ja, wij gingen grote vrienden worden, hij en ik, als we dat al niet waren.

Alleen paste het vitrinesleuteltje dat hij om zijn nek droeg niet op de vitrinekast. Welk sleuteltje hij ook probeerde, de kast gaf geen krimp. Een Lelo kreeg je niet cadeau, die boodschap was glashelder, daar moest je wat voor doen en wat voor overhebben.

'Ja, dat komt,' zei de man die ik tot nu toe voor de eigenaar had gehouden, 'ik val in vandaag. We hebben een zieke. Ik zal Utrecht bellen, Miranda zelf, die weet vast...'

Terwijl Miranda werd gebeld, tikte Ronald me op mijn schouder. 'Bart, dit moet je kopen! *Clone Your Willy*. Hiermee kun je een afgietsel maken van je penis, in chocola! Een doe-het-zelfpakket. Dat zal Yolanda leuk vinden! Houdt ze van chocola? Ja? Mooi! Komt dat even goed uit?! Nou, dan zit je geramd, Bart, met deze aanschaf.'

Ik dacht diep na; hoewel, wie-zal-het-zeggen?, misschien niet diep genoeg.

Van een onbezorgd avondje Almere huiswaarts keren met én een Rolls Royce-vibrator én mijn geslachtsdeel-in-melkchocola, dreigde dat niet iets te veel van het goede te worden? Ik bedoel, was mijn lief wel tegen zo veel gulle gaven bestand? Dat leek me hoogst twijfelachtig.

Maar Ronald wist van geen wijken, en Martin ook niet, en ik wilde mijn beide vrienden niet voor het hoofd stoten, zodat ik een dik half uur later, nadat Miranda vanuit het verre Utrecht haar invalkracht eindelijk naar het juiste vitrinekastsleuteltje had gedirigeerd, ruim vierhonderd euro mocht afrekenen. Ja, het was leuk shoppen, met Bril en Giphart. Dat moest ik beslist vaker doen. Met die twee aan mijn zijde kon ik de middenstand door het gehele land nog vreugdevolle tijden laten beleven.

Twee weken later, toen mijn lief uit vergaderen was en de kinderen diep sliepen, toog ik in de keuken aan de slag. Ik haalde de plastic cilinder waarin mijn *Clone-A-Willy*-pakket zat verpakt van onder uit een kast in mijn werkkamer tevoorschijn, de kast waarin ik vroeger flessen drank verstopte, in de tijd dat ik nog dronk.

In de *tube* zaten een zakje gips, een zakje smeltchocola en een houten stokje: het soort stokje dat je overhoudt als je een ijsje hebt gegeten, een Raket of een Magnum. De bedoeling was dat, als je je chocoladelul eenmaal voor elkaar had, een klusje-van-niks dat volgens de *User's Guide* in 'één handomdraai' zou lukken, dat je het houten stokje dan onder in je chocogeval stak, en dat je zo, met je chocolul op een stokje, je partner ging verrassen. 'Kijk eens, schat, wat ik voor je heb!'

Dat idee.

Met dat idee was niet veel mis. Maar het in praktijk brengen van het idee, dat bleek een pittige opgave.

Eerst diende ik tweederde van de *tube* af te knippen en weg te gooien, zijnde 'overtollig materiaal'. *Cut off the tube*, luidde het bondig in de bijsluiter. De Hollander in me dacht nog even aan het aankoopbedrag, vijfenvijftig euro;

en om daar dan nu rücksichtslos de schaar in te zetten, daar moest ik toch even aan wennen, aan die gedachte.

Maar er diende zich geen alternatief aan, en dus beet de schaar zich al spoedig een weg door het plastic.

Vervolgens moest ik van het bijgeleverde gips een papje zien te bereiden, door zachtjes roerend water aan de inhoud van het zakje toe te voegen. Dit papje diende ik 'op te stijven' tot een brijachtige substantie.

Ja, ik vind het ook vervelend om bij u, als lezer, aan boord te komen met een uitdrukking als 'opstijven'. Ik had het zelf ook liever anders verwoord gezien, 'indikken' of dat er sprake diende te zijn van een 'verhardingsproces', ik-noem-maar-iets; maar zo soepeltjes kwamen we er niet van af. Het stond er toch echt, in de gebruiksaanwijzing, 'opstijven', uit het Amerikaans in het Nederlands vertaald.

Toen ik de 'opgestijfde pap' eenmaal voor elkaar had, en de gemorste papklodders en spetters van aanrecht en keukenvloer had verwijderd, brak het ogenblik aan om een erectie tot stand te brengen en die vervolgens in de brij te steken, onder het motto *Insert Your Willy*.

(Er zat ook iets aan het plafond geplakt, zag ik nu, een ongerechtigheidje; maar om dat te verwijderen, daar zou een trapleer of keukenladder aan te pas moeten komen; en misschien was het wel gewoon een kleine stofophoping, in dat geval zou een ragebol volstaan. Nee, het plafond reinigen, dat werd een hele onderneming, daar zag ik vanaf, daarvoor was nu even geen tijd.)

Insert Your Willy, las ik ten overvloede, in de vage hoop dat er eigenlijk iets anders in de gebruiksaanwijzing stond.

Ja, allemaal goed en wel, ik was van harte bereid mijn Willy ergens in te *inserten*, pap, brij, vers geklopte slagroom, trilpudding, vanillevla, vruchtenkwark, een bergje koude kleefrijst, Christmas pudding voor mijn part, alles voor het Goeie Doel, maar ik stond met twee handen waar nog gipsresten aan kleefden, en met een plastic keukenschort voorgebonden, waarop bananen en appels en mandarijntjes en trossen druifjes en partjes watermeloen vrolijk door elkaar buitelden, en zie dan maar eens een erectie op te wekken, eigenhandig. Dan moest je van heel goeie huize komen, of wel érg graag willen.

Kortom, het gips was er klaar voor, maar ik niet.

Buiten kwam een vliegtuig laag over. Dat was op weg naar Schiphol. Of misschien kwam het er juist vandaan, dat viel lastig uit te maken zo met het keukengordijn dicht.

Nu ben ik gezegend met een levendige fantasie, ik verzin wat af, en ik dacht heel hard aan mijn lief, héél hard zelfs.

Maar met die erectie wilde het desondanks niet bijzonder vlotten.

Te zeggen dat ik er geen beweging in kreeg, was overdreven. Er gebeurde wel íéts, maar een stijve waarmee je als een voorzittershamer op tafel kon slaan en die je vervolgens in de gipspap kon dopen om de pap in de rondte te slingeren, ongeveer zoals een priester dat doet met wijwater en een kwast, of een stijve waarmee je 's nachts een ruitje van een voetbalkantine kon intikken of het wc-raam van een verenigingsgebouw, nee, zo lagen de kaarten niet.

Waarbij dient aangetekend dat de omgeving, onze keuken, niet erg stimulerend op mijn verbeeldingskracht werkte. Links van me hing een plastic vergiet aan een spijker, een groen vergiet, eentje van de Hema; en op het aanrecht rechts van me prijkte een kortgeleden aangeschafte glimmende roestvrijstalen slacentrifuge, van de Blokker. Nee, er ging geen bemoedigende werking van de keukenspullen uit, niet van de pannenlappen, niet van de fluitketel, noch van de citruspers of blender. Lachten ze mij niet heimelijk uit, de keukenapparaten? Daar leek het wel op, en helemaal ongelijk kon ik ze niet geven. Daar stond ik, met mijn Willy in de hand. Ik wist niet waar Willy met zijn gedachten zat of welke prangende kwestie hem bezighield, maar hij werkte niet erg mee. Er viel dan wel enige beweging in te krijgen, maar geen beweging die Willy als een aanwijsstok-op-school strak naar het keukenplafonnetje deed wijzen.

Ging het nog wat worden, vanavond?

Ik keek naar de keukenklok. Tien over elf. En besloot de hele boel af te blazen en in te pakken, veel meer zat er niet op. Straks stoof mijn lief, eerder thuisgekomen, nietsvermoedend de keuken in, en dan zaten wij hier met de gebakken peren.

Een paar dagen later moest mijn lief opnieuw uit vergaderen.

'Gaat het lang duren?' vroeg ik iets te hoopvol. 'Wordt het een latertje?'

'Hoezo?' vroeg mijn lief. 'Komt het je soms goed uit, als ik lang weg zou blijven? Heb jij soms plannen voor vanavond, en zo ja: met wie?'

'Nee,' bezwoer ik haar, 'niets van dat alles, ik ga het huis opruimen, de spulletjes van de kinderen, en lichte huishoudelijke werkzaamheden verrichten, een schilderijtje ophangen misschien, als mijn rug dat toelaat, of een peertje indraaien. En het schuurtje moet nodig uitgemest.'

'Hmm,' zei ze en vertrok toen. Al leek zij de boel maar half te vertrouwen.

Ik keek haar lang na, hoe ze in haar auto stapte, zwaaide, het portier dichtsloeg, startte en de straat uit reed.

Toen ze uit beeld was verdwenen, wachtte ik tien minuten, en toog aan de slag.

Nu kwam het eropaan. Als het me nu niet zou lukken

dat papje te verstijven en een beetje van mezelf, ging het nooit meer lukken, daar was ik van overtuigd.

Mister Chocotoff.

Ja, ik was er helemaal klaar voor, dat durfde ik best te beweren. Het zat goed tussen de oren, dit keer.

Zo'n drie kwartier later had ik het papje voor elkaar, en een erectie. Het uur U was aangebroken. Ik diende mijn Willy te *inserten*. Maar hoe moest ik dat aanpakken? Dat stond er niet bij, in de bijsluiter. Het eenderde restje van de *tube* waarin de pap zat, kon ik moeilijk ondersteboven op mijn erectie zetten, en het er vervolgens overheen trekken of langzaam laten zakken. Geen denken aan, dan liep de hele handel eruit en waren we nog verder van huis.

Maar het omgekeerde, het restje *tube* op de keukenvloer zetten, en dan trachten met mijn deel tot in de brijachtige substantie te geraken, dat leek eveneens een min of meer onmogelijke opgave. En als het me al zou lukken, en mijn deel stak in zijn geheel in de pap terwijl ik met mijn linkerhand op de vloer steunde en zo mijn evenwicht trachtte te bewaren, dan diende ik met mijn vrije rechterhand in het pannetje op het fornuis te roeren, waarin de chocola zat die ik op het vuur gesmolten had. En die ik nu smeuïg moest zien te houden door de substantie om te roeren met een bij voorkeur houten pollepel. Anders dreigde de chocola ook te verstijven, en dát was nu juist niet de bedoeling.

Althans, niet in dit stadium van het productieproces.

Merkwaardig, overwoog ik, dat Giph en Bril nooit bij me hadden geïnformeerd naar de afloop van de Choco Willy. Hoe een en ander had uitgepakt in de huiselijke sfeer. Of hadden zij er nooit navraag naar willen doen, omdat zij de afloop wel konden raden, misschien?

Ja, wat haalde je je als modern mens niet allemaal op de hals?

En in een angstvisioen zag ik hoe een van mijn kinderen, wakker geschrokken door een nare droom, naar beneden kwam, de trap af, en zich in de keuken bij me meldde, om te worden getroost en liefdevol geknuffeld; en hoe mijn kind zou kijken als-ie zijn vader aantrof half liggend op het keukenzeil, met een geheven geslachtsdeel in een plastic potje pap en met één hand krampachtig chocolade roerend in een pannetje op het vuur — bood een dergelijk tafereel geen traumatische aanblik, voor een elfjarige?

Bovendien, moest ik bekennen, deed dit angstvisioen mijn met veel moeite tot stand gekomen erectie geen goed.

De boel dreigde opnieuw te ontsporen, en gold dat in wezen niet voor mijn hele leven tot nu toe? Waarom lukte mij niet wat anderen schijnbaar moeiteloos afging?

De derde avond had ik het dan eindelijk, na veel vijven en zessen, voor elkaar, het geheel.

En twee dagen later haalde ik mijn chocoladelul-op-een-stokje stilletjes uit het vriesgedeelte van de ijskast en sloop naar boven, geruisloos de traptreden op, naar de slaapkamer, waar mijn lief al in bed lag.

Ze lag naar *Pauw & Witteman* te kijken, en eigenlijk vooral naar Pauw.

Ja, overwoog ik met mijn chocoladelul achter mijn rug, het was mij ook een raadsel hoe Jeroen zijn haar zo soeverein door de war kreeg. En ook de kunst van het half-onderuitgezakt-erbij-zitten beheerste Jeroen tot in de finesses. Dat-ie nog aan tafel zát in plaats van eronder te liggen, languit, was een regelrecht mirakel.

'Kijk eens!' riep ik enthousiast uit. 'Kijk eens wat ik voor je heb! Een verrassing!'

Liever hield mijn lief haar blik op Jeroen gericht, maar mijn geestdriftige uitroep dwong haar nu haar blik een tel van het televisiescherm te nemen.

'O,' zei ze, 'wat lief. Chocola.' En ze pakte het stokje van me over, beet het bovenste stuk chocola eraf en begon het op te peuzelen, terwijl ze haar blik alweer strak op Jeroen gericht hield.

'Ja, met die Jeroen,' had zij zich op een onbewaakt ogenblik laten ontvallen, 'met die Jeroen Pauw, daar zou ik best eens een beschuitje mee willen eten, 's ochtends vroeg.' Een ontboezeming die ik gemakshalve was vergeten; maar die nu als een boemerang in mijn bewustzijn terugkeerde om, aldaar opgedoken, alsnog de nodige schade aan te richten.

'Hé!' riep ik uit. 'Je bijt mijn eikel eraf!'

Geen reactie.

'Schat,' zei ik zachtjes, 'voor het geval het je ook maar íéts mocht interesseren, je hebt zojuist mijn eikel eraf gebeten!'

Mijn lief hoorde me niet. Ze keek naar Jeroen Pauw, en kauwde en peuzelde verlekkerd verder.

• • •

Nee, een doorslaand succes was het niet, het Chocotoffpakket.

De chocola werd in orde bevonden, maar daar bleef het bij. Een regelrechte sensatie kon je het niet noemen, Mister Chocotoff.

Het spijt me dat ik het zeggen moet, maar het is niet anders. Ik had het graag anders gezien, dolgraag.

En ik ben niet de enige. Bosjes mannen gingen me voor, troostte ik mezelf. Dat weet ik zo zeker, omdat ik onlangs terug was in Almere en door het winkelcentrum banjerde, alleen. Dat wil zeggen: zonder Bril en Giphart.

De coffeeshop die geen koffie schonk, was er nog steeds. En in het klantenbestand dat voor de deur rondhing hadden zich zo op het oog geen schokkende mutaties voorgedaan tijdens mijn afwezigheid.

Maar Seksshop Miranda bleek inmiddels failliet. Het kon haast niet anders of de *Clone-A-Willy*-pakketten hadden de winkel de das omgedaan.

Omtrent het lot van Miranda zelf tast ik in het duister.

NICO DIJKSHOORN

Magnetiseur

RAAP DUIZEN: We kwamen dinsdag op de training, zat Koos Vermeer in de kantine. De magnetiseur. Iedereen kende die man. Hij had bekende mensen geholpen. Ruud Krol onder anderen. Die heeft hij een week intensief behandeld en die begon opeens hele zinnen te spreken. Van Hanegem, die heeft na een week met Koos Vermeer voor het eerst sorry tegen iemand gezegd. Dan kan je wat hoor. Die zat nu opeens bij ons in de kantine. Wat dat gekost moet hebben.

DOLF SEEGERS: Hij deed het bijna voor niets. De zaak fascineerde hem. Hij zei bij binnenkomst al dat hij een grote negatief geladen zonde in de buurt voelde. Zijn we meteen gaan zoeken. Dat bleek zo ongeveer rond de middenstip van het hoofdveld zes meter onder de grond te zitten, dat stuk negatieve grond. Drie dagen zijn ze daarmee bezig geweest, bij de club, om dat eruit te krijgen.

ZWEEP DUKELS: Ik geloofde er niet in. Ik ben toch meer van: kicksen aan en gaan, maar volgens die Koos was dat helemaal fout. Ik had een lineair veld vlak boven mijn knie zitten. En niet alleen ik hè. De hele selectie zat qua magnetisme verkeerd in elkaar. Dat moest hij eruit wrijven.

RAAP DUIZEN: Hij pakte mijn nek beet en ik begon opeens allemaal verhalen over mijn moeder te vertellen. Dat ging maar door. Over onze dagen naar het strand en dat ik haar kwijt was geraakt en die enorme blijdschap toen ik haar weer vond. Dat maakte die Vermeer allemaal los met zijn handen.

DE VOORZITTER: Ik was erbij. Die jongens hadden allemaal in de loop der tijd hun polen omgewisseld of zo. Zoiets was het. En het fluctueerde enorm. Dat zei hij ook steeds, dat het fluctueerde. Sommige jongens hadden een onderhuidse verkeerd gerichte energiestroom. Die moest hij kraken.

PEER DEKKELS: Ik had iets onder mijn huid, een stroom of zo en die moest omgeleid worden naar een contrapunt onder mijn zwevende rib. Dat had ik weer. Hij kon het alleen maar oplossen met kraken. Dat vond ik al een kutwoord. Het klonk al niet goed, kraken. Nou, dat bleek dus wel te kloppen.

WILLIE DEN OUDEN: Peer Dekkels moest op zijn buik voor de bar gaan liggen. Contact maken met de aarde. Wij moesten hand in hand in een halve kring om hem heen gaan staan. Aan iets leuks denken, om een positieve tegenkracht op te roepen.

TOUW REUK: Ik heb aan stoofvlees gedacht. Met een randje vet. Dan blijft het mals.

DE VOORZITTER: En toen sprong die Koos Vermeer vanaf de bar bij Peer op zijn rug. We begrepen meteen waar het woord 'kraken' vandaan kwam.

SIKKO BOKKELS: Ik hoorde het buiten. Ik dacht dat Graatje een braadpan uit haar handen liet vallen.

TOUW REUK: Krak. We schrokken ons rot. Zo'n heel scherp geluid, alsof je een richeltje spareribs in tweeën breekt. Peer bewoog niet meer. Waarschijnlijk was al zijn straling in de grond verdwenen. En hij piste in zijn broek. Daar stonden wij allemaal hand in hand naar te kijken. Hoe Peer Dekkels zijn broek vol zeek.

DOLF SEEGERS: Ik schrok ook, ja. Ik dacht dat hij een lampje boven de bar ging vernieuwen en opeens sprong hij op Peers rug. Ik had van tevoren begrepen dat hij alleen maar met zijn handen werkte, maar dit was een nieuwe techniek uit Amerika. Dat urineren hoorde er ook bij.

DE VOORZITTER: Er kwam een negatieve lus om zijn blaas heen te hangen en daardoor ontstond er een ontspanning van de spieren rond het kernpunt en als dat gebeurt, schijn je je broek vol te pissen. Nou, dat klopte wel.

RAAP DUIZEN: Ik dacht: die staat nooit meer op. Je zag het hem proberen, Peer, maar het was net een naaktslak. Hij wilde instinctief wegkruipen bij die Koos Vermeer, maar zijn benen deden het niet meer en hij was zeiknat. Het zag er vreselijk uit. Hij probeerde zich met zijn handen naar de voordeur te trekken. Hij wilde weg. Wij ook trouwens.

DOUWE KIEBELS: Wij waren in paniek. Wat moesten we doen? Dolf Seegers en de voorzitter, daar hadden we ook niks aan. Die stonden vanuit de keuken te gillen als wijven. Iedere keer als Peer probeerde op te staan hoorde je zijn botten langs elkaar schuren. Een vuilniszak van vlees vol met losse botten, zo klonk hij. Die Koos Vermeer moest opeens naar het toilet, die wist het ook niet meer. En toen stapte Kuif naar voren.

RAAP DUIZEN: Ik stond hand in hand met Kuif. Hij rukte zich los en knielde neer bij Peer. Die kon niet omkijken. Peer dacht dat die magnetiseur opnieuw met hem bezig was. Hij piste meteen weer in zijn broek. Kuif legde een hand op zijn rug. Hij boog zijn hoofd. En huilde. De tranen biggelden over zijn wangen. Op de rug van Peer. Die werd rustig. Kuif streelde hem. Zijn nek. En toen stond Peer op. Ik zweer het je. Door de tranen van Kuif den Dolder.

> *Hij hielp hele volksstammen studenten en*
> *middelbare scholieren af van hun literatuurlijst-*
> *trauma. Eindelijk een schrijver die literatuur*
> *schreef die makkelijker behapbaar was dan de*
> *telefoongids van Shanghai. En er werd nog flink*
> *in geneukt ook. Sinds zijn literaire switch van*
> *cunnilingus naar culinair is hij ook binnen de*
> *grachtengordel salonfähig... Ronald Giphart.*

RONALD GIPHART

Jurk

Premières van het Nederlands Film Festival zijn alleen te bereiken na een helletocht over een stuk hoogpolig tapijt waarlangs heel medialand zich heeft opgesteld. Ik heb een vriend die geniet van dit spektakel. Hij komt strak in het pak en neemt de tijd om zich langs alle tv-ploegen, radiomicrofoons, handtekeningenjagers en psychopaten te werken. En dan, als hij de ingang van de Schouwburg heeft bereikt, wringt mijn vriend — ik zal niet onthullen wie hij is, maar hij heet Bart Chabot — zich met een boog achter de journalisten om, voor een twééde ronde over de rode loper.

Het kan ook anders. Mijn vrouw lijdt aan loperangst ofwel loperfobie. Weken voor het feestje begint ze me te bewerken. Moet ze echt mee over die rode deurmat? Kunnen we niet via een raam naar binnen? Vind ik het goed dat ze haar brommerhelm ophoudt? Ook de vraag welke jurk ze zal aantrekken geeft hoofdbrekens. Ik weet inmiddels dat ik me daar niet mee moet bemoeien. Een scène uit de film van het leven van mijn ouders.

'Welke jurk zal ik aantrekken?' vroeg mijn moeder op een dag (dit speelt zich af ver voor hun scheiding). De oppas was onderweg, mijn ouders gingen naar een feest waar iedereen waarschijnlijk glorieus gekleed zou gaan. Mijn moeder hield twee galajurken omhoog. Wij keken met haar mee.

'Deze rode of deze zwarte?'

Ik zag mijn vader weifelen. Zijn devies moet zijn geweest: lijfsbehoud gaat voor eerlijkheid.

'Ik vind ze allebei heel mooi.'

Het was een goede poging, maar hij kwam er niet mee weg.

'Je zou die rode kunnen doen, maar je zou ook zeker die zwarte kunnen aantrekken,' was zijn tweede poging en ook die werd door mijn moeder weggewuifd.

'Zeg nou gewoon even eerlijk welke jurk je het mooist vindt,' riep ze lief. Mijn vader stond in dubio. Aan zijn blik zag ik dat hij zich snel probeerde af te vragen: welke jurk heeft ze het laatst gedragen, welke heeft ze het laatst gekocht, heeft ze ooit iets over die verrotte jurken gezegd?

'Nogmaals, ik vind ze allebei erg mooi,' begon hij peilend, 'maar als je me nu echt dwingt een antwoord te geven, dan zeg ik: doe die zwarte maar...'

Mijn moeder knikte.

Mijn moeder zweeg.

Mijn moeder knikte nogmaals.

'Wat... is er mis met die rode?' vroeg ze langzaam.

Mijn vader keek haar aan.

'Er is helemaal niets mis met die rode, maar...'

'Zie je wel. Er is iets mis met die rode. Ik heb het altijd geweten.

Toen ik hem kocht vond ik ook al dat je niet echt

enthousiast was. Waarom zeg je dat niet gewoon? Ik moet altijd alles tien keer aan jou vragen voordat ik het echte antwoord krijg.'

Haar volume ging omhoog.

'Wat heb ik nou aan jou, als je op zulke simpele vragen niet gewoon even een eerlijk antwoord kan geven? Hoe moet dat als het een keer echt ergens over gaat? Ik moet altijd hier álles zelf beslissen. Ik kan het je wel vragen, o ja, ik kan het je wel vragen, maar het heeft tóch geen zin. Ik krijg van jou nóóit ééns een nórmáál antwoord.'

En toen op het schreeuwerige af: 'Denk je dat het voor mij leuk is, met een man die nooit eens normaal antwoord geeft?'

En wij wisten dat dit gesprek nog drie kwartier ging duren, en dat het resultaat zou zijn dat mijn moeder noch haar rode noch haar zwarte jurk aan zou trekken. De moraal: zeg nooit ofte nimmer iets over de keuze van een jurk.

Trampoline

Tv-comedienne Roseanne Barr heeft eens gezegd: 'Iedere dag dat mijn kinderen aan het eind van de avond nog in leven zijn, heb ik het als moeder goed gedaan.' Ik zou die uitspraak willen bijpunten: iedere dag dat mijn kinderen aan het eind van de avond niet door mij zijn gekeeld, heb ik het als vader goed gedaan.

Ik vind schrijven een vaak ingewikkelde bezigheid, het onderhouden van vriendschappen is ook niet bepaald makkelijk, burgerlijk functioneren kost mij veel inspanning, maar het opvoeden van kinderen spant de kroon: dat is voor mij het allermoeilijkste dat er is. Nu zal iedere columnist zich soms Carmiggelt voelen. Af en toe lees ik van mezelf stukjes terug waar mijn kinderen in voorkomen, van die kijk-mij-hier-eens-even-de-leuke-vader-uithangen-anekdotes over mijn dochter die een uitsmijter een 'uitschijter' heeft genoemd, mijn tweejarige dreumes die alles 'boeie!' vindt en andere vertederende momenten. Het is maar één kant van het verhaal. Natuurlijk zijn kinderen aandoenlijk, soms wijs, en soms zelfs uitermate grappig, maar de waarheid is dat ze ook moedeloos makend en tot huilens toe vervelend kunnen zijn.

Het is een van de laatste Grote Taboes: hoe onuitstaanbaar zwaar het is om kinderen te hebben. Ik ben geen misopeed (iemand die een hekel heeft aan kinderen), maar vraag me oprecht af waarom mensen kinderen hebben. Kinderen lijken me pas echt leuk als het de kinderen van je kinderen zijn, tenminste, dat moet ik concluderen als ik kijk naar het gedrag van de opa's en oma's in mijn omgeving. Ik voel een doorleefd medelijden met de hologige ouders die met witte gezichtjes beweren: 'Kinderen hebben mijn leven echt verrijkt.'

Met terugwerkende kracht ben ik misobillcosbisch (iemand die een hekel heeft aan Bill Cosby) en krijg ik spontaan diarree van de verantwoorde, rustige, weloverwogen ouders die adviseren dat je als opvoeder vooral 'consequent' moet blijven. Wie dat heeft bedacht mag de rest van zijn leven consequent in een ballenbak worden opgesloten.

Gisteren hebben mijn vrouw en ik op het veld voor ons vakantiehuisje een trampoline in elkaar gezet, daarbij gadegeslagen door onze kinderen, die zich deze voorstelling niet lieten ontzeggen. Zelf ben ik misotrampoleed, maar om van het gesmeek om zo'n springding af te zijn hebben we een loodzwaar exemplaar mee naar Frankrijk gezeuld. De trampoline die wij hadden gekocht was beyond Ikea. Citaat uit de handleiding: 'Een persoon tilt de ondersteuning van stap 2 tot een staande verticale positie en plaatst één van de verbindingen met die (3) van het verticale-poot-verlenging gedeelte van de ondersteuning.' Aha.

De filosoof Plato hield niet van lachen. Een schaterbui gaat volgens hem gepaard met een dusdanig verlies aan zelfcontrole dat gierende mensen niet meer menselijk lijken. Leedvermaak was bij hem uit den boze, en dus gaf hij in *De republiek* het advies zich niet met lage vormen van amusement in te laten. Mijn kinderen hebben Plato niet gelezen en schamen zich (nog) niet voor hun verlies aan zelfcontrole. Zij hebben schaterlachend toegezien hoe hun steeds woedender wordende ouders bezweet en vloekend in de weer gingen met buizen, veren en gaatjes in het frame ('hoe kán dit godsámme nu wéér niet pássen?').

Vier uur van onze kostbare vakantie zijn we ermee bezig geweest, maar nu zijn onze drie geweldige bloedjes dan toch heerlijk aan het springen. 'Meerdere gebruikers verhogen het risico op letsel,' lees ik in de gebruiksaanwijzing, gevolgd door de uitleg: 'Zoals een gebroken hoofd.'

Ik ben te moe om de consequente opvoeder te zijn en laat ze lekker springen.

RENSKE DE GREEF

Gelegenheidsfeministe

Met mijn blik in Bambi-stand klamp ik me aan Davids arm vast. 'Hoi,' fleem ik in zijn oor. 'Lieverd...? Kun je even helpen?' Ik positioneer mijn lijf zo dat mijn korte rokje, dat net over mijn kont heen valt, langs zijn bovenbeen schuurt. Hij zet zijn biertje op tafel, trekt zijn blik los van het minuscule lapje textiel en kijkt me aan. 'Wat is er?' Ik richt me meteen op en klap in mijn handen. 'Mooi! Kom maar even mee naar buiten.' Gedwee loopt David achter mijn marcherende lichaam aan naar de vrieskou-hel die buiten heet. 'Kijk,' wijs ik. 'Die roze fiets met konijnen erop, zie je die?' David rilt in de ijselijke wind en knikt, zijn armen als beschermde lappen vlees om zich heen geklemd. 'Die is dus lek. Kun jij hem even maken? Ja? Mooi!' Ik geef hem een kusje op zijn nu al blauwe ijsneus, schenk hem een warme glimlach (hij ziet eruit alsof hij wel wat warmte kan gebruiken) en been terug naar binnen.

Na een uurtje heb ik David al meerdere malen binnen zien komen (één keer om plakspullen te vragen, vijf keer om kledingstukken te bietsen), maar nu komt hij al handenwrijvend terug aan ons tafeltje. Ik zit inmiddels aan mijn vijfde behaaglijke biertje en glimlach naar hem als een spinnende poes. David lacht een paar keer (om zijn stembanden te verhitten?). 'Ja, die was behoorlijk lek. Die heb ik even gefikst.' Ik knik. Dan richt hij zich een beetje tot de anderen aan het tafeltje. 'Blijft toch mannenwerk, hè. Jullie zijn gewoon niet zo goed in technische dingen.' Mijn poezenlach verstijft tot een ijselijke valsekattenbek. 'Wat?' vraag ik, mijn stem drie tonen lager. David lacht nog een keer, een geforceerde grinnik. 'Nou gewoon. Techniek enzo. Dingen maken. Dat kunnen jullie niet echt.'

Ik sta op, trek mijn rokje over mijn kont en doe een stilettohakstap naar hem toe. 'Luister eens, jongetje,' sis ik terwijl ik mijn borsten — niet veel soeps maar opgevulde bh's zijn de beste uitvinding sinds het wiel. Samen met het automatisch oprollen van de stofzuigerstekker — tegen hem aanduw. 'Luister jij eens, ongeletterde aap, middeleeuwse strontkartrekker', schreeuw ik nu, mijn vinger als een ijspriem tegen hem aandrukkend. 'Seksist! Hoe kun je zo dom zijn? Heb je nooit van de tweede feministische golf gehoord? Schaam je je niet? Door mensen zoals jij zijn wij jarenlang uitgebuit! Jij houdt het glazen plafond in stand!' Eigenlijk wil ik nu op de grond spugen, maar ik spuug zoals Kate Winslet in *Titanic* vóórdat ze Leo kende, dus ik durf het niet. Ik geef hem dan maar een misprijzend hoofdschudden, en trek nog eens mijn rokje recht. Dan ga ik weer op mijn plek zitten. 'Zo,' zeg ik, weer opgewekt. 'Wie wil er nog bier? Ja? O... Jeroen, ik ben mijn geld vergeten. Kun jij niet even betalen?'

Ik ben aanhanger van een nieuw soort stroming. Ik ben namelijk een gelegenheidsfeministe. Gelegenheidsfeministes zijn het type vrouw dat als eerste op de barricade staat voor de vrouwenrechten, maar er ook als eerste weer af springt als een man haar een gratis etentje aanbiedt. Wij willen alles en we gooien alles in de strijd: harde tepels en manifesten, geile rokjes en suffragettes. Wij bouwen door op de verworvenheden van onze voormoeders, maar hebben de tuinbroeken verruild voor glimmende panty's en doorkijkblousjes. Om nog meer succes te behalen. Want we hebben echt geen zin om echt die fietsen te gaan plakken, die lampen op te hangen, die verzekering te snappen, die goten te ontstoppen, die banken op te bellen en die website zelf te vinden. We doen wel een kort rokje aan. Toch?

Wij buiten de man uit tot op het bot, waaraan we daarna genoegzaam kluiven. Want de man is wel een beetje het zielige lelijke eendje in dit verhaal: er is weinig meer wat hij goed kan doen. Wij zijn zo zelfstandig dat we willen alleen heersen (en o wee als jullie hetzelfde doen: vuile onfatsoenlijke seksistische zwijnen).

David is afgedropen, Jeroens geld was op dus hij ging mee, en ik ben achtergebleven. Ik heb geen zin om mijn bier zelf te betalen, dus ik probeer halfslachtig wat lipbijt-trucjes uit op een paar mannen aan de bar. Ze reageren niet. 'Godverdomme,' mompel ik. Word ik eerst een beetje voor technisch imbeciele huishoudslaaf uitgemaakt door David, en nou ben ik zeker ook niet lekker genoeg. Wat is dit voor wereld?

Ik sta op, aangemoedigd door mijn al verslonden biertjes, en loop naar de bar. Ik ga recht voor een man in pak staan. 'Meneer,' begin ik, heel, heel cynisch en goed gevonden, vind ik zelf. 'Wat is er mis met mij? Voldoe ik soms niet helemaal aan je eisenpakket? Zijn de meisjes in *Play-boy* soms mooier? Zijn mijn — en streep maar door wat niet van toepassing is – borsten te klein, benen te kort, is mijn buik te bol of mijn kont te slap? Nou?'

De man kijkt verbaasd. 'Sorry, ik wilde me gewoon niet opdringen. Ik denk dat vrouwen liever niet als lustobject gezien willen worden...'

'Jawel!' krijs ik. 'Maar ik ben ook heel slim!'

De mannen doen een stapje achteruit. 'Wil je dan misschien een biertje...?' vraagt er een voorzichtig.

Het is even stil. Dan begin ik te lachen. 'O, o! O ja. Zit het zo? Nou mannetjes, ik dacht het niet. Die vlieger gaat niet op. Mij kun je heus niet neuken omdat je me een biertje hebt gegeven. Zo van "voor wat, hoort wat". Neeneenee...' En ik loop met mijn vinger voor hun neuzen schuddend naar buiten en lach. Zo. Wie is hier de slimste?

> *We glimmen van trots dat hij vanavond ons*
> *podium betreedt. Mogen we een warm applaus*
> *voor Herr Mozart van de Nederlandse literatuur:*
> *A.F.Th. van der Heijden.*

A.F.TH. VAN DER HEIJDEN

Nectar

In De Engelse Reet, achter het Begijnhof, trof ik J., die juist een bestelling plaatste. 'Ach, lief obertje,' riep hij veel te vrolijk, 'doe mij nog zo'n... zo'n bloemkelkje nectar.'

Nou spreekt J., als hij de geest heeft, wel vaker van dat archaïsche café-Amsterdams, maar 'bloemkelkje nectar', dat leek me toch al te dol. Ik ging tegenover hem zitten. Hij kreeg zijn glas volgeschonken, inclusief de traditionele laatste zware drop, die het net niet deed overstromen.

'Goede vriend,' zei hij, 'ik neig het hoofd, maar niet uit ootmoed.'

En daar gingen zijn lippen al gestulpt op weg naar de borrel, om er de fonkelende kop af te zuigen. Het ging niet geruisloos. Hij keek me leep aan, en zei: 'Gisteravond heeft me van menig vooroordeel jegens de drank genezen.'

Van eerdere gesprekken herinnerde ik me J.'s vindingrijkheid bij het rationaliseren van zijn dorst. Hij vroeg: 'Kijk jij Discovery Channel?'

'Al die reconstructies van vliegtuigongelukken. Ik ben op niets zo gek.'

'Discovery, of dat andere kanaal, National Geographic, daar toonde men verleden nacht een natuurfilm over de binnenlanden van Maleisië. In het regenwoud leeft een aapachtig zoogdiertje, dat is begiftigd met een spits snuitje, slaperige dronkemansoogjes en een lange staart met een soort vogelveer aan het eind. Het heet... en nu dien ik mijn tong in het gareel te houden. Het heet: de pijlstaart... nee, de vederstaarttoepaja. Om u te dienen.'

Hij klokte de rest van zijn jenever achterover, en wapperde met zijn lege glas naar de ober alsof het een dienstbodenbelletje was. 'Die documentaire was met infrarood opgenomen, want onze vederstaarttoepaja is een nachtdier. Als het donker is, gaat hij stappen in, laat ons zeggen, de uitgaansbuurt van het regenwoud. Hij weet precies bij welke palmbomen hij aan moet kloppen. Ze hebben bloemen, en die gaan 's nachts open. Ze stinken naar gist, naar verschaald bier, naar De Engelse Reet 's anderendaags. De toepaja steekt zijn snuitje in de kelk, en zuigt er de nectar uit. Niet zomaar nectar, goede vriend, nee, wat denk je... met een alcoholpercentage van zo'n 4%. Dat staat gelijk aan bier. En liet de kleine het nou maar bij die ene neut. Welnee, dan ken jij de vederpijlstaarttoepaja slecht. Hij slaat er per boom zo'n drie, vier achterover, en werkt per nacht zeker een dozijn palmen af. Een echte kroegtijger, maar dan als aapje gedacht.'

J. neigde het hoofd, en zoog de nieuwe borrel tot op een bodempje na onder zijn tong door. 'Het kleine mormel heeft dus tegen het ochtendgrauwen het equivalent van zo'n veertig pilsjes achter de kiezen. De regenwoudpolitie, als die bestond, zou hem laten blazen. De toepaja slaapt zijn roes uit, en begint weer van voren af aan. Hij is dus, zeg maar, chronisch in de lorum. Of hij nou bij het vallen van de avond zijn kater gaat wegdrinken... zover reikt mijn kennis niet. Zeker is dat zijn alcoholisme hem niet te gronde richt. Hij vaart wel bij zijn inname. Anders die gistpalm wel. Wij, nooddruftigen met ons tanende libido, nemen nog wel eens een dame uit de kroeg mee naar huis. Het leidt hoogst zelden tot iets vruchtbaars. Maar zo'n palmboom is, in ruil voor een paar borrels, zéker van bevruchting. Ja, volgaarne...'

De ober, die met de jeneverfles in de aanslag mee had staan luisteren, schonk J. nog eens in, en zei: 'Vroeger zagen ze torren, witte muizen. Hollandse beestjes. Vandaag de dag lijkt zelfs een delirium op een verre vakantiereis. De gevederde toepolef... hoe kom je erop?'

J. zoog, nipte, klokte. 'Gij hoont, ik lach. Mijn held de vederstaarttoepaja is gelieerd aan de primaten. Onze voorouders van vijftig, zestig miljoen jaren her. Die horecapalmen met hun fijne tapperijtjes groeiden toen ook al in het regenwoud. Miljoenen generaties van halfapen, mensapen en toepaja's hebben, tonnen nectar hijsend, die bomen naar onze tijd gebracht. Oceanen aan alcohol... en het heeft de evolutie niet geremd, mijne heren. Sloop van hersencellen? Ons brein rijst de pan uit! O, heilige drankzucht!'

Hij tikte tegen zijn lege glas. De ober bracht de fles in de pruttelstand.

'Ik neig het hoofd,' zei J. 'Uit ootmoed. Jegens de vederstaarttoepaja.'

Ze werkte als marktkoopvrouw en kokshulp, volgde een theateropleiding, schreef toneelteksten en twee dichtbundels en werd dit jaar bekroond met de prestigieuze Anna Bijns Prijs: Tjitske Jansen.

TJITSKE JANSEN

Vind je mij opwindend?

Stel je voor dat ik een afwasborstel in mijn hand heb.
Ik ga flink tekeer in het sop.
Vind je dat opwindend?

Ik ken iemand die vond dat opwindend.

Die vond het ook opwindend als ik...
knotje in mijn haar,
brilletje op,
witte bloes,
en dat ik dan een boek ging lezen.
Ik moest soms een bladzijde wel drie keer lezen.

Dan had ik 'm gelezen,
die bladzijde,
en dan kwam ik er daarna dus achter
dat ik die bladzijde dus helemaal niet had gelezen.

Ondertussen lag hij op de bank te zappen.

Zogenaamd niet geïnteresseerd.

Dat was deel van onze opwinding,
die zogenaamde desinteresse.
Zo min mogelijk aan elkaar laten merken
hoe opwindend wij elkaar vonden
en dan in bed ineens héél erg gaan zoenen!

Hij maar zappen.
Ik maar steeds die bladzijde.
Wij maar doen of we niks doorhebben...

En als ik dan tussen het lezen door ook nog
pannenkoeken ging bakken,
wist ik zéker
dat hij de hele volgende dag
aan mij zou denken,
onder het timmeren.
Hij was timmerman...

O, nu haal ik twee mannen door elkaar.

Die van het knotje
die van de pannenkoeken
en die van het timmeren.

Maar die van het timmeren
hield ook van het knotje
en die van het knotje hield ook van het zappen
en ze hielden er allebei van als ik pannenkoeken bakte.

Van de een leerde ik
dat je het vuur eerst goed hoog en de pan eerst goed heet
en dán pas het beslag erin.
Van de ander leerde ik
dat je de koek niet te lang in de pan

want dan wordt het meer een cracker.
En het heet niet voor niets pannenkoek!

Ze leken dus meer op elkaar dan ik dacht.

Vind je mij opwindend?
Je luistert nog steeds naar me.

Ik heb geen afwasborstel in mijn hand
maar als jij dat lekker vindt,
mag je je best voorstellen
dat ik een afwasborstel in mijn hand heb.

Ik doe mijn afwas altijd met een sponsje...

Als je dan toch verdrietig bent
maak er dan wél een mooi project van.
Ga met je roodste lippenstift in bed liggen.
En mascara. Véél mascara.
Nee, geen waterproof mascara,
het moet juist uit gaan lopen.
Spiegel bij de hand om te kunnen zien
hoeveel je op een filmster lijkt.

Die wijn, die al vijf jaar ligt te wachten,
mag open. Het juiste moment
waarvoor je hem bewaarde, is nu.
Rook Belga's of iets Pools of doe alsof.
Was af en toe wat borden af, kijk:
zelfs je tranen vallen in het water.
Eet druiven! Die kun je
voor je ze naar binnenschuift
zo goed tegen je lippen duwen

en dat geluidje als je die dingen
van hun steeltje plukt. Denk
terwijl je druiven eet aan hem.
Lees zijn laatste sms'je.
Zoek de meest dramatische pose
om mee in bed te liggen.
Ga in de meest dramatische pose
in bed liggen. En val dan maar
in slaap.

TJITSKE JANSEN

Fragmenten uit *Koerikoeloem*

Er was mijn broer met wie ik in bad zat. Hij ging al naar de kleuterschool. Ik poepte in het bad, dat was een lekker gevoel. Ik keek naar mijn drol die in de richting van mijn broer dreef. Toen deze doorkreeg wat er gaande was, begon hij, met zijn rug zo hard mogelijk tegen de rand van het bad duwend, zo ver mogelijk weg blijvend van wat er naar hem toe kwam drijven, zonder dit object een moment uit het oog te verliezen, te schreeuwen. Mama dacht natuurlijk dat er iets vreselijks aan de hand was en was snel bij ons. Ze tilde mij als eerste uit bad. Ik was in de lucht, haar handen waren in mijn zij. Ik bleef, en daarvoor moest ik mijn hoofd helemaal omdraaien, kijken naar mijn broer en de drol. Ik was drie, maar de macht en het genoegen die ik ervoer waren ouder dan drie.

Er was mijn broer die op de kleuterschool had leren bidden en nu aan mij voordeed hoe het moest. Je moest je ogen dichtdoen en je handen vouwen en dan zag je God. Ik deed mijn ogen dicht, vouwde mijn handen en zag niets. 'Dan moet je harder knijpen,' zei mijn broer. 'Met mijn ogen of met mijn handen?' 'Met allebei.' Ik kneep harder met mijn ogen en handen en zag nog steeds niks. Ja, ik zag wel iets, een soort vlekken en zwart. Misschien was dat God. Misschien herkende ik hem niet omdat ik niet wist hoe hij eruitzag.

Er was mijn broer aan wie ik de droom vertelde die ik die nacht had gehad. Ik vertelde de droom en tegelijkertijd tekende ik hem met een gele stift. Steeds wanneer ik stopte met vertellen, vroeg mijn broer: 'En toen?' Hij bleef dat vragen nadat ik de droom al helemaal had verteld. Daardoor kwam er geen einde aan mijn tekening en werd mijn verhaal steeds langer. Elke keer als mijn broer 'En toen?' vroeg, verzon ik er een stukje bij. Tot onze moeder vanuit de keuken riep dat dromen nooit zo lang duren.

Er was mijn broer die zei: 'Ik heb in jouw dichtbundel gelezen over hoe ik je op een industrieterrein bochtjes achteruit heb geleerd, maar ik weet dat er wel meer is gebeurd dan dat ik je bochtjes achteruit heb geleerd.'

Er was mijn moeder die vlees braadde voor een mevrouw verderop omdat die mevrouw niet tegen braadlucht kon.

Er was het naast mijn moeder in de keuken staan. Ze prikte in het vlees en ze keek naar de pan. We zeiden niets en ik keek naar het vlees, door het raam en ook een beetje naar mijn moeder. Niet te veel, ze mocht het niet merken.

Er was een vraag die ik haar graag wilde stellen. Er was het wachten op hét moment. Als ze net het vlees omdraait bijvoorbeeld. Dan zeg ik heel snel wat ik zeggen wil, hoop dat ze het niet merkt, toch hoort en dat ze dan per ongeluk antwoord geeft.

Er was mijn moeder die het vlees omdraaide. 'Mama, ziet God mij altijd?' Mijn moeder bleef naar de pan kijken. 'Dacht je dat?' zei ze tegen de pan. 'Dacht je dat hij niets beters te doen heeft dan naar jou te kijken?'

NICCOLÒ AMMANITI

De katapult

Maar waarom werd er in het dorp gezegd dat Mario Moroni gek was en waaruit bestonden die beruchte problemen met de wet?

Jullie moeten weten dat meneer Moroni, als hij niet zwoegde op het land of naar de club in Serra ging om zijn lever te verweken met Fernet, een hobby had.

Hij bouwde dingen van hout.

Meestal maakte hij kastjes, lijsten, kleine boekenkasten. Eens had hij zelfs een soort karretje in elkaar getimmerd met de banden van een Vespa, dat achter de motor van Mimmo kon worden bevestigd. Dat gebruikten ze om het hooi naar de schapen te brengen. In zijn opslagplaats had hij een kleine timmermanswerkplaats met allerlei cirkelzagen, schaafmachines, beitels en overige timmerbenodigdheden.

Op een avond had meneer Moroni op de televisie een film over de oude Romeinen gezien. Daarin kwam een grandioze scène voor met duizenden figuranten. De legionairs belegerden een fort met oorlogsmachinerieën. Rammen, schilddaken en katapults waarmee ze steenblokken en brandende kogels naar de vijandige muren lanceerden.

Mario Moroni was er zeer van onder de indruk geweest.

De volgende dag was hij naar de openbare bibliotheek van Ischiano gegaan en had daar met behulp van de bibliothecaresse in de geïllustreerde encyclopedie *Kennen is weten* tekeningen van katapults gevonden. Hij had er fotokopieën van laten maken en die mee naar huis genomen. Daar had hij ze aandachtig bestudeerd. Vervolgens had hij zijn zoons geroepen en gezegd dat hij een katapult wilde bouwen.

Geen van beiden had de moed hem te vragen waarom. Dat soort vragen kon je maar beter niet stellen aan meneer Moroni. Wat hij zei gebeurde, en daarmee uit, zonder allerlei zinloze waaroms en daaroms.

Een goede gewoonte in huize Moroni.

Pietro vond het meteen een fantastisch plan. Geen van zijn vriendjes had een katapult in de tuin. Ze zouden er stenen mee kunnen afschieten, wat muurtjes neerhalen. Maar Mimmo vond het een ongelooflijk stom plan. Ze zouden zich de eerstvolgende zondagen moeten kromwerken om iets te bouwen wat absoluut nergens toe diende.

Op een zondag waren de werkzaamheden begonnen.

En na een paar uur had iedereen de smaak te pakken. Dat bouwen aan iets wat nergens toe diende had iets groots en nieuws in zich. Hoewel je je er even hard voor moest inspannen en er evenveel bij zweette, leek het niet op de inspanningen van toen ze de nieuwe omheining voor de schapen hadden gebouwd.

Ze werkten met zijn vieren.

Meneer Moroni, Pietro, Mimmo en Poppi.

Augusto, bijgenaamd Poppi, was een oude ezel, half-kaal en grijs door zijn hoge leeftijd, die jarenlang hard had gewerkt totdat meneer Moroni de tractor had gekocht. Nu was de ezel met pensioen en sleet hij zijn laatste levens-dagen grazend op het weiland achter het huis. Hij had een heel slecht karakter en liet zich alleen aanraken door meneer Moroni. De anderen beet hij. En wanneer een ezel je bijt, doet dat echt pijn, dus werd hij uit de buurt van de rest van de familie gehouden.

Het eerste wat ze deden was een grote naaldboom omzagen die aan de rand van het bos stond. Met behulp van Poppi sleepten ze de boom tot aan het huis en ver-kleinden hem met behulp van een elektrische zaag, bijlen en schaven tot een lange paal.

In de daaropvolgende weekends bouwden ze om die paal heen de katapult. Nu en dan werd meneer Moroni boos op zijn zoons omdat ze te haastig en te slordig werk-ten en zich er met een jantje-van-leiden vanaf maakten, en dan gaf hij ze een schop onder hun achterste, en soms zei hij, wanneer hij zag dat ze iets naar behoren hadden gedaan: 'Goed zo, mooi werk.' En dan verscheen er op zijn lippen een vluchtige glimlach, zeldzaam als een zonnige dag in februari.

Vervolgens kwam mevrouw Moroni broodjes met ham en kaas brengen en dan gingen ze naast de katapult zitten eten terwijl ze bespraken wat er nog gedaan moest wor-den.

Mimmo en Pietro waren gelukkig, het goede humeur van hun vader werkte aanstekelijk.

Na een paar maanden troonde de katapult in al zijn glorie achter het Huis van de Vijgenboom. Het was een vreemde machine, nogal lelijk om te zien, die een beetje leek op een Romeinse katapult, maar niet eens heel erg.

Eigenlijk was het een enorme hefboom. Het draaipunt was vastgemaakt met een stalen scharnier (speciaal laten maken door de smid) aan twee omgekeerde V's die waren vastgespijkerd op een karretje met vier wielen. Aan het korte deel van de hefboom zat een soort mand met zand-zakken (van in totaal zeshonderd kilo!). Het lange deel eindigde in een soort lepel waarin het te lanceren steen-blok zou worden geplaatst.

Bij het laden ging de mand met zand omhoog en de lepel naar beneden, waar hij op de grond werd gehouden met een dik touw. Om dat te doen had meneer Moroni een reeks katrollen met touwen bedacht die aan het draai-en werden gebracht door een lier, die op zijn beurt werd rondgedraaid door de arme Poppi. En wanneer de ezel zijn hakken in het zand zette en begon te balken, dan ging Moroni naar hem toe, aaide hem een beetje, fluisterde iets in zijn oor en dan draaide de ezel weer verder.

Voor de inhuldiging van de katapult werd zelfs een feest georganiseerd. Het enige feest dat ooit in het Huis van de Vijgenboom is gehouden.

Mevrouw Biglia maakte drie schalen lasagne. Pietro werd voor de gelegenheid in zijn goede colbertje gehesen. Mimmo nodigde Patti uit. En meneer Moroni schoor zich.

Oom Giovanni kwam met zijn zwangere vrouw en hun kinderen, er kwamen vrienden van de club, er werd een vuur aangestoken en er werden worstjes en karbonades geroosterd. Nadat ze zich hadden volgestouwd met eten en wijn, kwam de doop. Oom Giovanni wierp een wijnfles kapot tegen een wiel van de katapult en meneer Moroni kwam – halfdronken een marsdeuntje fluitend – aange-reden op zijn tractor, die een kar voorttrok waarop min of meer bolvormige stenen lagen die hij gevonden had op de weg naar Gazzina. Met zijn vieren pakten ze een steen en legden die met moeite op de al geladen katapult.

Pietro was behoorlijk geëmotioneerd en ook Mimmo, die het niet wilde laten merken, volgde alles aandachtig.

Iedereen ging een eindje verderop staan en meneer Moroni hakte het touw met een nauwkeurige bijlslag door. Er klonk een korte klik, de arm schoot los, de mand met zand ging omhoog en de steen vloog weg, maakte een boog in de lucht en belandde tweehonderd meter verderop in het bos. Er was geluid van brekende takken te horen en je zag vogels wegvliegen uit de toppen van de bomen.

Onder het publiek barstte een enthousiast applaus los.

Meneer Moroni was gelukzalig. Hij liep op Mimmo af en greep hem bij zijn hals. 'Hoorde je dat geluid? Dat geluid wilde ik horen. Schitterend gedaan, Mimmo.' Vervolgens pakte hij Pietro in zijn armen en kuste hem. 'Snel, ga kijken waar hij terecht is gekomen.'

Pietro en zijn neefjes renden het bos in. Ze vonden de steen weggezakt in de aarde naast een grote eikenboom. En gebroken takken.

Daarna kwam eindelijk het moment van Poppi. Ze hadden hem uitgedost met een nieuw tuig en gekleurde linten. Hij leek wel een Siciliaanse muilezel. Met uiterste inspanning begon de ezel rondom de lier te lopen. Iedereen lachte en zei dat het arme dier nog zou bezwijken.

Maar meneer Moroni sloeg geen acht op die ongelovigen, hij wist dat Poppi het kon. Poppi was koppig en eigenzinnig als de beste vertegenwoordiger van zijn ras. Toen hij jonger was, had meneer Moroni zijn rug beladen met bakstenen en zakken cement om de verdieping op zijn huis te bouwen.

En nu laadde hij de katapult, zonder te stoppen, zonder zijn hakken in het zand te zetten, zonder te balken zoals gewoonlijk. Hij weet dat hij een goed figuur moet slaan, zei meneer Moroni ontroerd in zichzelf.

Hij was zo trots op zijn dier.

Toen Poppi klaar was, begon meneer Moroni in zijn handen te klappen en alle anderen deden hetzelfde.

Een tweede blok werd gelanceerd en er klonk opnieuw applaus, maar iets gematigder. Daarna stortte iedereen zich op de pasta.

Dat is begrijpelijk. Kijken hoe een katapult stenen in het bos afschiet is niet het meest vermakelijke ter wereld.

Dat vond meneer Moroni wel.

Contarello had de ezel met een geweerschot in het voorhoofd koud gemaakt.

Poppi was dood op de grond gevallen.

Hij lag languit, met stijve poten en stijve oren en een stijve staart, naast de omheining die grensde aan het land van Contarello.

'Contarello, vuile hoerenzoon, ik vermoord je,' rochelde meneer Moroni, neergeknield naast het kadaver van Poppi.

Als zijn traanklieren niet droger dan de Kalahariwoestijn waren geweest, had meneer Moroni gehuild.

De oorlog met Contarello duurde al oneindig lang. Een vete tussen hen beiden, die voor de rest van de wereld onbegrijpelijk was. Begonnen over een paar meter graasgrond die ze beiden beschouwden als hun eigendom, voortgezet met beledigingen, bedreigingen met de dood, grofheden en getreiter.

Geen van beiden was ooit op de gedachte gekomen om er de kadastrale kaarten eens op na te slaan.

Meneer Moroni begon te schoppen in de modder, te slaan tegen de bomen.

'Contarello, dit had je niet moeten doen... Echt niet.' En toen slaakte hij een woeste kreet naar de hemel. Hij pakte

Poppi's poten vast en laadde het kadaver met al de kracht van zijn woede op zijn rug. De arme Poppi woog honderd-vijftig kilo, misschien een onsje meer of minder, maar dat mannetje van zestig kilo, dat zoop als een spons, liep er wijdbeens, waggelend van rechts naar links mee over het gras. De inspanning had zijn gezicht doen veranderen in een hoop bobbels en kuilen. 'Nu zul je wat beleven, Con-tarello,' zei hij knarsetandend.

Hij kwam bij het huis en gooide Poppi op de grond. Toen maakte hij een touw vast aan de tractor en draaide de katapult om.

Hij wist precies waar het huis van Contarello lag.

In het dorp wordt gezegd dat Contarello en zijn gezin in de woonkamer *Caramba, wat een verrassing!* keken toen het gebeurde.

De programmamaker was erin geslaagd een tweeling uit Macerata samen te brengen die bij de geboorte was gescheiden en elkaar nu huilend in de armen viel, en ook de Contarello's snotterden van ontroering. Een echte tra-nentrekker, die scène.

Maar plotseling leek het of er een explosie boven hun hoofd plaatsvond. Er was iets op hun huis gevallen waar-door het tot op de fundamenten trilde.

De televisie ging tegelijk met het licht uit.

'Godallemachtig, wat is er gebeurd?' schreeuwde oma Ottavia terwijl ze zich vastklampte aan haar dochter.

'Een meteoriet!' schreeuwde Contarello. 'Een verdom-de meteoriet heeft ons geraakt. Dat werd al gezegd in *Quark*. Dat gebeurt soms.'

Het licht ging weer aan. Een balk van het plafond was gebarsten en er waren stukken kalk naar beneden geko-men.

De familie liep angstig de trap op.

Boven leek alles normaal.

Contarello gooide de deur van de slaapkamer open en viel op zijn knieën. Handen voor zijn mond.

Het dak was er niet meer.

De muren waren rood. De vloer was rood. De doorgestikte deken, met de hand gemaakt door oma Ottavia, was rood. De ruiten waren rood. Alles was rood.

Stukken van Poppi (ingewanden en botten en stront en haren) lagen verspreid door de kamer, samen met stukken kalk en dakpannen.

Er was niemand op straat toen meneer Moroni het kadaver met zijn katapult wegschoot, maar als er iemand was geweest, had die gezien hoe er een ezel door de lucht vloog, een volmaakte boog maakte, over het bosje kurkeiken, het riviertje, de wijngaard, en als een scudraket neerkwam op het dak van huize Contarello.

Deze grap kwam meneer Moroni duur te staan.

Er werd aangifte tegen hem gedaan, hij werd schuldig bevonden, hij werd verplicht de schade te vergoeden, en alleen omdat hij geen crimineel verleden had belandde hij niet in de gevangenis wegens poging tot doodslag. Zijn strafblad was bevlekt.

O ja, en hij moest ook zijn katapult ontmantelen.

WILFRIED DE JONG

Boer op de weg

Al kilometerslang reed ik op een smal pad door een landschap dat ik alleen van schilderijen van oude Hollandse
meesters kende. De bladeren aan de bomen hadden een
hardgroene kleur die ik in de stad al jaren niet meer had
gezien. En toen ik over een bruggetje fietste en naar het
riviertje keek, kon ik de begroeiing op de bodem zien mee-
deinen met de stroom. Zo helder was het water.

Welke idioot had deze omgeving ooit de naam 'Achterhoek' gegeven?

De zon was nog niet op het hoogste punt aanbeland,
maar ik had al spijt dat ik mijn gezicht niet had inge-
smeerd.

Hoog in de lucht draaide een roofvogel een rondje.
Traag en zonder beweging in de vleugels, als een zweef-
vliegtuig op de thermiek. Ik stopte om het beest beter te
zien. Met één hand weerde ik de zonnestralen uit mijn
ogen. De vogel draaide onverstoorbaar zijn cirkel, op zoek
naar een prooi.

Ik had dorst. Mijn bidon was gevuld met het bijna zoe-
te water uit de kraan van het vakantiehuisje in Ruurlo.
Ik nam een paar slokken. Net toen ik de bidon weer in
de houder plaatste, hoorde ik een paar slepende klompen.
Ik keek opzij en zag een boer over een erf lopen dat op de

57

weg uitkwam. Achter hem stond een rij koeien in de open schuur. Ze hingen met hun koppen boven het hooi.

De boer kloste naar me toe.

'Zo, aan het trainen?' zei hij met een zwaar Achterhoeks accent.

'Ja,' zei ik.

Een van de koeien loeide. Ze probeerde met haar kop los te komen uit de halsband om haar nek. Tevergeefs. De andere koeien keken niet op of om. Ze maalden het hooi tussen hun kaken en duwden hun snoet in de waterbak.

'Houdt u alleen koeien?'

'Achter de schuur staan nog twee geiten. Op het land heb ik een paard staan. Maar verder alleen koeien. Een stuk of veertig.'

'Is dat veel? vroeg ik.

'Nee. Het is geen vetpot. Vorig jaar deed een liter melk maar 25 eurocent. Daar kan een mens niet van leven.'

Ik had sterk de behoefte om het stugge, grijze haar van de boer te borstelen. Het stond alle kanten op en leek hard als touw. Het schreeuwde om een stalen borstel.

Er kwam een hond aangeslenterd. Met zijn staart sloeg hij groenglimmende vliegen van zijn rug. Het dikkige beest rook aan mijn wielerschoen, schuurde een paar keer tegen mijn onderbeen en ging vlak naast me op het warme asfalt liggen. Zijn vacht deed me denken aan het kapsel van de boer. Ik kreeg nog meer zin in borstelen. Dat kon ook te maken hebben met mijn verlangen weer eens een bos haar op mijn hoofd te hebben, en met een kam strepen in mijn hoofdhuid te trekken.

'Het gaat niet goed met het boerenleven in Nederland,' antwoordde ik, niet precies wetende wat ik daarmee bedoelde.

De staart van de hond zwiepte weer over zijn rug. Een stel vliegen vloog op om meteen op dezelfde plek te landen.

'En dan kreeg ik ook nog een scheiding, het afgelopen jaar,' toepte de boer over. Hij keek langs me heen de weg af.

Een scheiding. Achter de koeienstal stond een karakteristieke boerderij uit de Achterhoek, met aan de achterkant, in het midden, twee grote staldeuren.

De boer keek me nog steeds niet aan. Hij haalde adem. 'Het was een rotjaar.'

De hond kende het verhaal van zijn baas en had de ogen al dicht.

'Waar is uw vrouw nu?'

'Weg.'

'Een ander?'

'Precies.'

'Hier uit de buurt?'

'Nee, Naaldwijk. Ze woont nu in Naaldwijk. Ze had al zes jaar een verhouding met hem.'

Hij hoestte binnensmonds.

'Ze heeft hem via dat internet,' zei hij.

De handen van de boer hingen langs zijn werkkleding. Het slijm uit de koeienbekken zat aan zijn mouwen. Er plakten een paar strootjes aan vast.

'Tsjonge...'

'Ja, je verwacht het niet. Hè Kees, wat jij?'

De hond deed één oog half open. En weer langzaam dicht.

'En dat mijn dochter nooit iets gezegd heeft...'

'Zij woonde ook hier?'

De boer knikte. 'Die wist ervan, van dat flikflooien. Dat weet ik zeker. Al die jaren. Ze is nu twintig. Ze studeert voor laborante in Leiden.'

Mijn fiets stond levenloos tussen mijn benen. Ik haalde mijn rechterwijsvinger over mijn voorhoofd om het zweet te wissen. We stonden in de felle zon.

'Die hond doet niks,' zei de boer. 'Hè, Kees?'

We stonden maar zo'n beetje, hij met zijn hond, ik met mijn fiets. Je kon voelen dat het nog heter zou worden, de komende dagen. De grond van de akkers om ons heen toonde lange droogtescheuren.

Er was geen verkeer op het smalle pad. Het was nagenoeg stil. Ik hoorde alleen in de verte het suizen van de auto's over de provinciale weg.

'Racefiets zeker?' vroeg de boer, met zijn neus wijzend naar mijn Masciaghi.

'Ja, ik ben aan het trainen. Ik ga over een maand op vakantie in Italië. Dan neem ik mijn fiets mee.'

De boer luisterde niet naar mijn antwoord. Hij lachte een keer, zonder geluid, alleen met een trek rond zijn mond. 'Maar ik heb ook een vriendin nu. Wat dacht je. Ook via dat internet.'

De man leek me ver in de zestig. Zijn rug stond zo krom als een hoepel. Uit zijn vochtige neusgaten groeiden stronkjes grijs haar. Had hij echt een vriendin? Die zou de schaar dan toch wel ter hand hebben genomen?

Ik keek omhoog naar de roofvogel die op hoogte boven het erf cirkelde. Hij had een flinke spanwijdte.

'Een buizerd,' zei de boer. 'Zit meestal verderop daar, in die kale boomtoppen. Hij vliegt af en toe even een rondje. Hij zal wel denken, wat moeten die twee mannen daar op de weg, met die hond erbij.'

Binnen in de schuur klingelden een paar koeien met hun kettingen tegen het stalen hek. 'Ik melk ze nog iedere dag met de hand.'

'Mijn neef in Hazerswoude melkt ze via de computer,' zei ik. 'Hij kan thuis op het scherm zien hoeveel melk ze per dag geven en wat ze aan voer nodig hebben.'

De boer keek me aan. 'Die moderne melkcomputers, daar wil ik niks mee te maken hebben. Ik doe alles lekker met de hand.'

'Zo is dat,' zei ik, om een einde aan het gesprek te maken.

Toen ik mijn linkerschoen in het pedaal klikte, schrok de hond wakker. Hij stond op met zijn stramme lijf en schudde zijn wollen buikje uit.

'Nou, train ze,' zei de boer. Hij tikte met de hak van zijn rechterklomp op het asfalt; er viel een droge kluit op de grond. De hond snuffelde eraan.

Met mijn rechtervoet duwde ik mezelf op gang. Toen ik op het zadel zat, keek ik om.

De boer stond nog op de weg, hij zwaaide met een ouderwetse volle hand in de lucht. De hond slenterde het erf op. Ik zwaaide terug en verhoogde mijn snelheid.

Bij de kale bomen aangekomen keek ik omhoog. De buizerd zat ineengezakt op een dikke tak. Hij leek geen plan te hebben voor de rest van de dag.

Happy hour bij Perry Sport

Vorige week bevond ik me op een vliegveld in een Zuid-Europese plaats, op een plek waar veel Nederlanders naartoe gaan om er twee weken hetzelfde te eten, te drinken en te lezen als ze in Nederland kunnen doen, maar dan bij een temperatuur van een paar graden hoger en met nóg chagrijnigere bediening. Zelf was ik er uiteraard voor werk – dat u niet denkt dat ik uit vrije wil in dit soort oorden vertoef, daar kom je als voetballer misschien mee weg, maar als schrijver word je geacht op vakantie te gaan naar Toscane of de Dordogne of ergens anders waar een groot deel van de plaatselijke bevolking de oprichting van het middeleeuwse dorp in kwestie nog zelf heeft meegemaakt.

Het was inchecktijd op de luchthaven. Een van de peilloze raadselen waar de toeristenindustrie me voor stelt is waarom mensen zich *drieënhalf* uur voor vertrek bij hun hotel laten ophalen, om *anderhalf* uur met een bus langs hotels te rijden om medepassagiers op te pikken, uiteindelijk *twee* uur voor vertrek op de luchthaven te zijn, en vervolgens met zijn allen door de vertrekhal te meanderen alsof men in de rij staat voor de Python. Terwijl je voor vier euro ook zelf een taxi bij het hotel had kunnen nemen om zo in tien minuten tijd op de luchthaven te arriveren, keurig een uurtje voor vertrek. Zoals ik natuurlijk had gedaan.

Voor me stond een Nederlands stel. De man en vrouw zagen eruit zoals alleen een Nederlands stel eruit durft te zien als ze Op Reis gaan. Wat is dat toch bij Nederlandse stellen, dat ze denken dat het lollig is om dezelfde kleding te dragen zodra ze hun vinexwijk uitrijden? Is het bij Bever Zwerfsport of Perry soms eens in de week happy hour en krijg je dan bij aankoop van een driehoekige rugzak (met overal van die handige ritsjes) of een driekwartbroek een gratis tweede exemplaar?

Driekwartbroeken... Dacht ik dat we na de afritsbroek en die broeken met zakken aan de zijkant het allerergste gehad hadden op het terrein van de Nederlandse couture, komt daar ineens de driekwartbroek aanwaaien. Wat is het idee achter dat ding, dat afschuwelijke kledingstuk dat alleen Nederlanders massaal aantrekken zodra de temperatuur boven de 18 graden komt? Dat elastische touwtje aan de onderzijde alleen al; waar dient dat toe? Om dicht te binden na het laten van een stiekeme scheet?

En wat beweegt Nederlandse vrouwen om zich vrijwillig hetzelfde kapsel – in rood in plaats van grijs – als hun man te laten aanmeten? Er is geen volk ter wereld bij wie de vrouwen zulke kapsels hebben. Wat drijft Nederlandse vrouwen om, zodra ze de geslachtsrijpe leeftijd gepasseerd zijn, te kiezen voor een kapsel als een wc-borstel die in een pot mahonierode verf is gevallen?

Dezelfde kapsels, dezelfde broeken, dezelfde rugzakken: zijn deze mannen en vrouwen in een verkeerd lichaam geboren of waren ze samen stiekem liever een eeneiige tweeling geweest? Hoe evolueert zo'n relatie in godsnaam? Worden deze mannen en vrouwen, na zoveel jaren getrouwd te zijn als 'elkaars beste maatjes', ook op hetzelfde moment ongesteld?

Ooit, toen de een nog man en de ander nog vrouw was, moet er toch een bepaalde mate van lust zijn geweest? Anders begin je niet aan een relatie, of ga ik nu te veel van mezelf uit? Hij zal haar toch ook wel minstens één keer helemaal uit elkaar hebben getrokken, zij zal toch ooit wel eens zijn sperma in haar haar hebben gehad (hetgeen waarschijnlijk de reden was waarom ze het liet knippen, maar dan gebruik je toch wat extra shampoo)? Zij zullen toch ook ooit wel eens urenlang de buren uit hun slaap hebben gegild en tegen elkaar hebben geschreeuwd en seks als beesten hebben gehad en kom hier, geile *(!>!*, ik neuk je in je *(!>!*, ja, naai me, steek die dikke *(!>!*mprf in mijn natte*(!>!*, ja daar ook, hier... en tussen mijn *!☺>* Aarrggghhh en... en... nu ja, zo zal het toch ook tussen hén ooit wel eens zijn gegaan?

En dan ben je tien jaar verder, en sta je in de rij voor de incheckbalie van een Zuid-Europese luchthaven, met hetzelfde kapsel, dezelfde rugzak, dezelfde driekwartbroek en dezelfde leverbruine hikers van het huismerk van Bever Zwerfsport.

Geert Wilders vindt dat foute allochtonen het land uit moeten. Is het niet een veel beter idee als foute autochtonen het land niet meer uit mógen?

Naar Artis

Maarten keek in de spiegel. Hij had zich al drie dagen niet geschoren of gedoucht. Hij was niet meer buiten geweest, had niets meer gegeten en niemand meer gesproken.

Het was vrijdagochtend, half tien. De aangebroken fles witte Martini, die nog over was van die avond met Hanna, afgelopen zondag, had hij net leeggedronken.

Het begon met die kaarten die Giel op 3FM verlootte. De Editors in de Heineken Music Hall. Hij wist helemaal niks van de Editors, behalve dat Hanna er helemaal gek van was. Met bonzend hart had hij ge-sms't waarom hij recht had op die kaarten. *'Omdat ik stiekem verliefd ben op Hanna, mijn collega, en omdat Hanna verliefd is op de Editors.'* Een half uur na de uitzending werd hij gebeld. Hij had de kaarten.

De dag erna had hij in de lerarenkamer tussen neus en lippen door laten vallen dat hij bij toeval twee kaarten voor de Editors had. Of er iemand zin had om mee te gaan. Voor het eerst had Hanna tegen hem gepraat.

'Ik ben helemaal gek op de Editors!!!' had ze geschreeuwd.

Die week had hij ieder liedje van die kutband uit zijn hoofd geleerd. Wat een tyfusherrie.

Bij het concert had hij de teksten meegebruld alsof hij ze al jaren kende. Na afloop had Hanna hem op zijn wang gezoend.

'Dank je, ik vond het ge-wel-dig,' kirde ze.

Of ze zin had om samen een drankje te drinken bij hem thuis, hij had nog een fles Martini staan. Dat dronk ze toch, had hij gezien op het laatste personeelsfeestje in de aula?

Ze had hem onderzoekend aangekeken. 'Een glaasje dan. Verder niks, Maarten,' had ze lachend gezegd. 'We zijn collega's en jij had mijn vader kunnen zijn.'

Terwijl zij aan haar Martini nipte, had hij van de zenuwen een halve fles Stolichnaya naar binnen gegoten. Toen hij had bekend dat hij verliefd was op haar, had ze gelachen.

'Dan is het nu hoog tijd om te gaan, Maartentje...'

Hij had haar bij haar arm gepakt. Hij had haar op de bank gedrukt. Hij had haar bij haar haren gepakt. Hij had niet gezien hoe ze in blinde paniek met haar hand de fles Stoli van de tafel had gegrist. En toen spatte er iets hards op zijn achterhoofd uit elkaar.

Vaag herinnerde hij zich Hanna's laatste woorden, toen ze huilend de trap af rende.

'Ouwe viezerik!'

Twee minuten had het gesprek geduurd, de dag erna. De directeur van de school had het verhaal gehoord. Hanna zou geen aangifte doen, als hij zijn baan zou opgeven. Nu. Direct.

Hij had niet eens afscheid mogen nemen van de kinderen in zijn klas. Op weg naar de uitgang was hij voor haar klaslokaal stil blijven staan. De kinderen wezen hun juf op meester Maarten, die daar met zijn neus tegen het raam gedrukt stond. Ze was in paniek geraakt en had de beveiliging gebeld. Even later lag hij op zijn rug op het schoolplein en stonden er achter ieder raam van het schoolgebouw kinderen te lachen en te wijzen naar meester Maarten, daar op het schoolplein. Ook de kinderen uit zijn eigen klas lachten hem uit.

De dagen erna had het idee langzaam postgevat. Vannacht had hij amper geslapen.

De halve fles Martini van daarnet gaf hem moed. Hij keek nog een keer in de spiegel, trok zijn jas aan, zette een pet en een zonnebril op, en deed de voordeur achter zich dicht.

Hij ging te voet. Vanaf zijn huis was het drie kwartier lopen naar Artis. Er was geen haast. De kinderen zouden er pas tegen elven zijn, wist hij. Hij had het jaarlijkse schoolreisje zelf georganiseerd: de bus naar Artis, de educatieve spelformulieren, de speurtocht, de lunch, alles had hij geregeld, de afgelopen weken.

Om half elf kocht hij een kaartje bij de kassa van de dierentuin. Op het terras naast de flamingo's bestelde hij een koffie en een gevulde koek en wachtte toen rustig af tot groep 4a van juffrouw Hanna, zijn Hanna godverdomme, en groep 4b, zijn groep 4b godverdomme, met hun nieuwe meester, schreeuwend en zingend Artis in bezit kwamen nemen.

Hij volgde de groep op een meter of vijftig. Al zou niemand hem hebben herkend met zijn pet en bril.

Hij wist precies welke route de kinderen zouden nemen. Via de pinguïns ('In welke werelddelen komen pinguïns voor?') de zebra's ('Waarom hebben zebra's strepen?') en de giraffen ('Waarom heeft een giraffe zo'n lange nek?') voerde de speurtocht naar de krokodillen.

De kinderen verzamelden zich rond de hekken voor de krokodillenvijver en keken op hun formulier. Hij wist welke vraag er stond. 'Wat eten krokodillen?'

'Dat kunnen jullie zo meteen zelf zien, kinderen, de krokodillen worden om twaalf uur gevoerd, staat hier op het bordje,' riep juffrouw Hanna boven het kindergejoel uit.

Hij grinnikte zachtjes.

Langzaam schuifelde hij tussen de kinderen naar voren. Net toen juf Hanna geïrriteerd vroeg of die lange meneer de kinderen misschien de kans wilde geven om naar de krokodillen te kijken, zette hij, om een minuut voor twaalf, zijn pet en bril af.

'He, kijk, dat is meester Maarten!' riepen de kinderen verbaasd.

'Dag kinderen,' zei meester Maarten, terwijl hij over het hek stapte, 'goed opletten nu, het is voedertijd,' en sprong toen met een duik het water in.

Hij had goed getimed. De krokodillen hadden honger.

Zijn linkerarm ging er als eerste af. Hij zag zijn bloed het water rood kleuren. Boven zijn eigen schreeuw van pijn hoorde hij het gegil van de kinderen. Juist toen de enorme bek van de tweede krokodil zich vlak boven zijn hoofd opende, zag hij vanuit zijn ooghoek juffrouw Hanna flauwvallen.

Signeren

'Zo,' zegt mijn onvoorstelbaar erudiete uitgever Joost Nijsen, als we de roltrap van de boekenafdeling van de Bijenkorf af stappen. 'We lopen eerst even langs de chef van de boekenafdeling. Even handen schudden, dat kan nooit kwaad.' Ik voel me als een koe die wordt rondgeleid in een abattoir. Het zijn de Bijenkorf Schrijversdagen. Er komen meer dan dertig schrijvers vanmiddag. Ik ben hier er eerder geweest. De Bijenkorf Schrijversdagen zijn een soort Albert Cuypmarkt waarbij de boeken als vissen worden opgepakt, betast, bekeken en vervolgens weer teruggelegd. Met dit verschil dat de vis mijn kop op de achterflap heeft.

'Hoe laat mag ik vanmiddag weer naar huis, Joost?'

'Niet zeuren. Vijf uur. O, en de redactrice van *De Wereld Draait Door* komt waarschijnlijk nog even langs. Als je haar ziet moet je even een paar gekke dingen roepen.'

'Zoals?'

'Verzin maar wat. Als je maar geschifter lijkt dan Joost Zwagerman of Martin Bril. Zeg maar dat je het met Heleen van Royen hebt gedaan. Of met Connie Palmen, maakt niet uit.'

'Mag het ook met Susan Smit zijn?'

'Nee, het moet wel geloofwaardig blijven, Kluun.'

We komen aan bij de hoge tafel waarop mijn boeken in optimistisch hoge stapels zijn neergelegd.

Een stel van middelbare leeftijd houdt de pas in als ze mij achter de tafel plaats zien nemen. De vrouw kijkt zuinig. Een type dat zwemt met droog haar. Haar man draagt een jack dat je krijgt op zeildagen van bedrijven. Hij houdt zich half schuil achter haar. Mijn uitgever spreekt het stel direct aan. 'Mevrouw, meneer, misschien interesse in een gesigneerd boek van deze schrijver?' Ik krimp ineen als een makreel in het zicht van het vissersnet. De man draait zijn hoofd schielijk weg. Zijn blik blijft hangen op Susan Smit, die aan de tafel naast me gebukt een boek aan het signeren is.

De blik van de vrouw richt zich van Nijsen naar mij. Ze kijkt me ongegeneerd lang aan. Ik zie haar malen. Dan richt ze zich weer tot mijn uitgever. 'Ik ken hem,' zegt ze tegen Nijsen. 'Van tv.'

'Ik zat vorige week op de eerste rij van het oranje tribunevak bij *Ik Hou Van Holland*...' probeer ik mezelf een houding te geven.

Nijsen legt zijn hand op mijn schouder. 'Dit is nu de schrijver van de bestseller *Komt een vrouw bij de dokter*... Kluun.'

Het gezicht van de vrouw verstrakt. Ze draait haar hoofd weer naar mij, kijkt me indringend aan en buigt zich iets voorover. In de Bastille is dit het teken dat er acuut getongzoend moet gaan worden, maar ik vermoed dat daar nu geen sprake van is.

Een halve seconde is het stil. Dan buigt ze haar hoofd nog iets verder in de richting van mijn gezicht. 'Bah!' bijt ze me toe, draait zich om en loopt met haar zeiljack weg van de tafel.

Mijn zelfvertrouwen zakt tot Nieuw Amsterdams Peil. Veertien punten onder AZ.

'Joost, ik wil naar huis...'

'Naar huis?!?! Wie denk je wel dat je bent, Harry Mulisch of zo? Denk je dat ik je boeken heb uitgegeven omdat je zo goed schrijft? Het is dat die kop van jou, om voor mij verder onverklaarbare redenen, het redelijk doet bij de vrouwen, anders schreef ik dat oncologische snikkelproza van jou zelf.'

'Maar Joost, ik...'

'Houd je muil, jank,' sist mijn uitgever en knikt naar de vrouw die op een leeftijd is dat ze eigenlijk de boeken van Jan Siebelink zou horen te lezen, maar toch een exemplaar van *Klunen* van de stapel pakt. Ze noemt haar naam en begint te vertellen dat ze *Komt een vrouw van dokter* heeft gelezen. 'Jongen toch, ik heb toch zo gehuild,' zegt ze.

'Ach, je ziet er niks meer van, hoor,' draai ik mijn voorgeprogrammeerde antwoord af.

Ze begint te vertellen dat ze vijftien jaar geleden ook een knobbeltje in haar borst had en dat ze er gelukkig op tijd bij was, maar dat het haar wel een borst en dat en dat en dat en ik krijg flashbacks van de lessen Duits van meneer Duncker op de heao op maandagmiddag, het achtste en negende uur, waar ik de minuten aftelde, nog vierendertig, nog zesentwintig en hoe lang nog tot het hier vijf uur is en de vrouw blijft maar doorpraten dat haar moeder ook al was gestorven aan borstkanker en haar oma ook en dat er in die tijd nog geen borstreconstructies waren en fuck, ik ben haar naam vergeten. 'Hoe schrijf ik uw voornaam eigenlijk?' vraag ik poeslief.

De verhalen van de vrouw stoppen alsof ik zojuist heb voorgesteld om haar andere borst ook te amputeren.

'Hoe je mijn voornaam schrijft?'

'Eh... ja... ik vind het altijd zo slordig als ik een naam verkeerd spel.'

'Ik denk dat je Ans op niet zoveel verschillende manieren kunt spellen. Goedemiddag, Kluun.'

Ze beent weg. 'Kwaad,' zeg ik tegen mijn uitgever.

'Opletten,' blaft deze. 'Handel.'

Een oudere vrouw loopt langs. Ze is op een leeftijd

waarop je dreigbrieven van de DELA begint te krijgen en als je bekenden tegen wilt komen meer kans maakt op het kerkhof dan in de aula van het bejaardencentrum. 'Spreek haar aan!' blaft Joost. Met de moed der dwazen probeer ik haar aandacht te trekken. De vrouw kijkt naar de boeken zoals een eskimo naar een tosti-ijzer.

'Dat zijn boeken, mevrouw,' help ik haar op weg. Ze kijkt me niet erg nozel aan.

'Omdat u anders misschien denkt dat het haringen zijn.'

De vrouw blijft me dommig aankijken. De blik staat haar vrij natuurlijk.

Ik krijg een por van mijn uitgever.

'Zal ik er eentje voor u signe... eh... tekenen?'

'Tekenen?' Ah. Het kan praten.

'Mijn handtekening erin zetten.'

'Waarom?'

'Omdat ik het heb geschreven, en dat vinden sommige mensen leuk, een handtekening van de schrijver.'

Ze pakt een boek van de stapel, zonder te kijken welk en overhandigt het me met een voorzichtigheid waarmee je een onbekend dier iets eetbaars voorhoudt.

'Moet u niet weten welk boek u w...'

Weer een por van Nijsen. *Objection overruled.* Ik zet mijn handtekening en schrijf er 'voor' boven.

Ze leest, of althans kijkt mee.

'En?' vraag ik, wijzend op het woord 'voor'.

Geen krimp.

'Voor...?' probeer ik.

'Voor wat?' kaatst ze terug.

'Voor wie het boek is.'

'O.' Ze haalt haar schouders op. 'Vur men.'

'En wat is uw naam, mevrouw?'

'Goossens.'

'En hebt u ook een voornaam, of is die geheim?'

'B. Goossens.'

'B?'

'Bep...'

'Alsjeblieft, Bep. Veel leesplezier.'

Bep Goossens schuifelt met het boek uit het zicht. Ik prijs de Heer dat ik op deze verdieping het diefstalalarm bij de uitgang niet kan horen.

Nog zevenentwintig minuten, zie ik op mijn horloge. Ik verlang terug naar de lessen Duits van meneer Duncker.

*Hij werd bekend als de man van 'De dierenwinkel',
de 'Widergutmachungschnitzel' en* Debiteuren
Crediteuren, *maar sinds het succes van* Het diner
*is hij eindelijk bij het grote publiek bekend als
dat wat hij van origine is: schrijver. Hier is
Herman Koch.*

HERMAN KOCH

Bekentenissen van een
oudejaarscabaretier

Voor een oudejaarscabaretier zijn dit hectische tijden. Dat zijn het eigenlijk al vanaf 1 januari, toen ben ik namelijk begonnen met try-outen. In het begin was er nog weinig actualiteit waar ik spitsvondige grappen over kon maken, later nam die actualiteit alleen maar toe. Eerst had je Obama. Ik verzon een grap over Obama. Toen kwam de kredietcrisis. Ik verzon een grap over de kredietcrisis. Daarna had je die terroristische aanslagen. Ik weet nu nog even niks, maar dat gaat zeker komen. Ik ben goed in mijn vak. Ik weet hoe je een zaal moet bespelen. Ik zeg bijvoorbeeld: 'Heb u George Bush laatst gezien...? George Bush...? Ja, mensen, George Bush... Heb je laatst gezien hoe George Bush...?' Vanaf dat moment heb ik de zaal te pakken. De grap die ik maak doet er al niet zoveel meer toe. Het gaat om de herkenbaarheid. Iedereen kent George Bush. Daarnaast maak ik ook harde grappen. Over mensen. Ik vind alle mensen burgerlijk. En dat zeg ik ook gewoon. Ik zeg het mijn publiek recht in hun gezicht: dat ze burgerlijk zijn. Dan liggen ze dubbel. Daarna maak ik grappen over homo's. Smakeloze grappen, vieze grappen, nare grappen. Grappen die homo's walgelijk vinden. Maar het maakt me geen flikker uit. Ze zijn toch in de minderheid. Ze moeten wel meelachen, als boeren met kiespijn, anders worden ze door gezonde hetero's uitgekotst. 'Kom op!' zeg ik. 'Jullie moeten hier toch tegen kunnen? Jullie zijn toch geen mietjes of zo?' Dat werkt altijd. Dat werkt ook bevrijdend, om homo's weer eens gewoon ouderwets in hun gezicht uit te lachen. Soms ga ik verder. Soms eet ik een bord vla en dan doe ik net of ik het publiek die vla in hun gezicht ga spugen. 'Dit schijnt op de eerste rij niet zo leuk te zijn,' zeg ik, en dan moet iedereen lachen. Of ik vraag een vrouw op het toneel. Een vrouw die geen nee durft te zeggen. 'Hoer!' zeg ik tegen de vrouw, en dan krijgt ze de vla recht in haar smoel. Dat is een lach. Onlangs was er iemand foto's aan het maken van mijn optreden. Die heb ik toen zijn camera afgepakt en op het podium kapotgeslagen. Niet alleen een fotograaf, nee, ook nog eens zwart, vrouw en homofiel. Ik heb het burgerlijke publiek opgeroepen de fotograaf in elkaar te schoppen en daarna te verkrachten en daarna met vla te bespugen. Eerst durfden de mensen niet. Omdat ze nog gevangenzaten in hun eigen burgerlijkheid. Maar daarna hebben ze die zwarte pot helemaal uit elkaar getrokken. Toen ik die avond thuiskwam, stond er een televisieploeg voor de deur. Ik had nog vla over. Daarna heb ik hun camera kapotgeslagen. Daarna heb ik de cameraman het ziekenhuis in geslagen. Later heb ik gezegd dat ik spijt had. Dat ik dronken was, maar dat ik een broertje dood heb aan burgerlijkheid. 'Hé, stelletje trutten!' roep ik, terwijl ik de eerste rij onderschijt. 'Durf er eens iets van te zeggen, vieze flikkers! Negers! Minderheden!' Ik heb mensen verkracht, zowel voor als na de voorstelling. Als ze om een handtekening kwamen vragen, heb ik de deur van de kleedkamer op slot gedraaid. Mannen of vrouwen, het maakt me geen ruk uit, ik discrimineer niet. Als ze met me op de foto willen, sla ik eerst hun camera kapot. Ze hebben me een keer dronken aangehouden, toen heb ik de hele cel in het politiebureau ondergescheten. En toen die agenten me om een handtekening en een fotootje vroegen, heb ik ze recht in hun gezicht gezegd dat ze burgerlijke fascisten waren. Er waren een paar jonge broekies bij, halve flikkers waarschijnlijk, die nog nooit in hun eigen politiebureau waren verkracht terwijl ze hun kapotgeslagen camera's door moesten slikken. Ik heb een bekend gezicht. Iedereen zegt mij gedag. De burgermaatschappij draagt mij op handen. Als ik een pleidooi houd voor de mensenrechten, maakt iedereen vijf euro over. Als ik oproep tot een executie, scandeert een heel voetbalstadion 'Dood! Dood! Maak hem dood!' Gewoon privé ben ik best een leuke man. Lekker zappen op de bank met mijn tweede vrouw en mijn kinderen uit mijn eerste huwelijk. Biertje erbij. Pinda's. Tot een paar weken geleden. Toen mijn oudste dochter opeens een foto van me maakte met haar mobieltje. Het was een reflex. 'Hoer!' schreeuwde ik tegen haar, en daarna smeet ik haar mobieltje kapot. Het was een raar en doodstil moment. Het zijn hectische tijden, zo een paar weken voor mijn oudejaarsconference. Soms vraag ik me af hoe het allemaal zo gekomen is. Soms pieker ik me suf over een grap over dat stukgooien van het mobieltje van mijn dochter. Maar dan schiet me niks te binnen. Het is dan net of ik daar de afstand niet voor heb. Of het talent. Of ik dat nooit heb gehad. Maar ik weet dat die twijfel verdwijnt als sneeuw voor de zon, wanneer ik op oudejaarsavond het podium op stap. 'Stelletje homo's, ken je die van die neger die bij Obama het Witte Huis kwam stofzuigen?' Dan volgt altijd weer die bevrijdende lach en is alle twijfel weg. Dan weet ik dat ik het nog kan.

*Hij is het opperhoofd van de Rotterdamse versie
van NightWriters. Zelf stelt hij liever dat hij
vanavond optreedt bij de Amsterdamse versie van
zijn Nur Literatur: Ernest van der Kwast.*

ERNEST VAN DER KWAST

Hohol

Ik ben de enige bezoeker in het Literatuur Museum
van Odessa. Er zijn negen suppoosten, in elke zaal één.
Het zijn allemaal vrouwen en ze lijken op elkaar: grijze
krullen, groeven in het gezicht, wandelstok in de hand.
Bejaard, maar nog lang niet dood. De suppoosten van het
Literatuur Museum volgen de bezoeker alsof ze een spion
zijn in een Bond-film, geen mooie spionnen, maar spionnen wier benen gehuld zijn in grauw nylon. Peper en zout.

In de eerste zaal, de gouden kamer, denk ik nog dat ik
een rondleiding krijg, maar de vrouw die met mij mee-
loopt, zwijgt als het graf van Poesjkin. Als ik een ingelijste
krantenpagina van dichtbij bekijk, voel ik opeens een stok
tegen mijn bovenarm. Het is de wandelstok van de suppoost. Ze buldert iets in het Oekraïens. Het klinkt niet als
de uitleg van een gids, meer als: 'Nog één stap en ik sla
je bril van je hoofd.' Ik deins achteruit en loop de gouden
kamer uit, op de voet gevolgd door de suppoost.

In de volgende zaal dringt een andere suppoost zich
aan mij op. Ze wil mijn kaartje zien. Ik haal mijn toe-
gangsbewijs uit mijn broekzak. Nadat ik het kocht bij de
kassa, werd het ruw doormidden gescheurd. De suppoost

77

van de tweede zaal bekijkt nu beide delen. Ze houdt de linkerhelft tegen de rechterhelft, alsof het een puzzel is. Ze schudt haar hoofd, draait dan de linkerhelft om en kijkt of de delen nu wel passen. Ik kijk naar de bril die om haar hals hangt. Een model dat al veertig jaar niet meer wordt gemaakt, en misschien al twintig jaar niet meer gedragen, ook niet door de vrouw. Ze draait de rechterhelft van mijn kaartje om. Ik kuch, ik wil de tentoonstelling bekijken; zeldzame boeken, portretten van schrijvers, relikwieën. Maar de suppoost laat mij er niet door. Wie de grens tussen Polen en Oekraïne wil oversteken, moet gemiddeld twintig uur wachten. Even denk ik dat ik ook zo lang moet wachten om van de ene naar de andere zaal van het Literatuur Museum te mogen. Dan gebeurt er een wonder. De suppoost houdt de beide delen van het kaartje tegen elkaar en knikt blij als een kind. Ik krijg mijn verscheurde kaartje terug en word toegelaten in een zaal met voorwerpen die ooit aan schrijvers toebehoorden. Pronkstuk is een schaar, maar het kaartje dat informatie moet verschaffen is in het cyrillisch opgesteld. Ik fantaseer dat het de snorschaar is van Gogol, de suppoost verbeeldt zich echter dat ik de schaar wil stelen. Ze wurmt zich tussen mij en de schaar in en houdt haar wandelstok voor haar borst. Het is duidelijk: wie de schaar wil, moet door haar heen.

In de volgende zaal, waar een zeldzame uitgave van *Dode zielen* ligt, gooi ik de handdoek in de ring. Als ik een foto wil maken van het boek, doet de suppoost de lichten uit. 'Hohol,' hoor ik de suppoost schreeuwen. Want Gogol wordt in Oekraïne Hohol genoemd. Het klinkt angstaanjagend, in het donker, uit de mond van een rimpelige vrouw. Ze blijft de naam van de schrijver roepen: 'Hohol! Hohol!' Het is alsof ze zijn dode ziel tot leven wil wekken. Ik verlaat het Literatuur Museum van Odessa, zoals ik ooit het spookhuis in Ponypark Slagharen verliet: via de nooduitgang.

Buiten slaat de kou in mijn gezicht. Het is december, de wind geselt. Het weerhoudt een bruidspaar er niet van om zich te laten fotograferen voor het prachtige operagebouw uit 1887, op een steenworp van het Literatuur Museum. De bruid is in het wit, haar schouders zijn bloot. Ze lacht fier en gelukkig, hoewel ze bibbert op haar hakken. De bruidegom houdt haar hand vast, alsof hij de hond uitlaat. Zijn pak is te groot, maar wat het meest in het oog springt: hij heeft stoppels. De man heeft zich niet geschoren op de mooiste dag van zijn leven. Niet een huwelijk tussen de schoonheid en het beest, maar tussen trots en onverschilligheid. De situatie roept om heldenmoed. Schaak deze vrouw, schreeuwt een stem in mij, neem haar mee, bevrijd haar van een eentonig bestaan. Maar ik loop door, handen in mijn zakken, hoofd in mijn kraag. Ik ben geen held: ik laat me verjagen door bejaarde Bond-girls.

'*There are places one never forgets*,' noteert de Amerikaanse schrijver James Salter in *There & Then*, zijn verzamelde reisverhalen. Om te vervolgen met grafakkers op de prairies in het westen van Amerika, de militaire begraafplaats in Anzio, Italië, waar een vrouw in een steen liet beitelen: 'Aan mijn dode echtgenoot, goede vader, goede soldaat, goede man.'

Ik zal nooit de sekswinkel in Odessa vergeten. Treurig als een kerkhof, desolaat als een prairie. Ik stap er binnen omdat ik nog nooit een sekswinkel ben binnengegaan, bang dat iemand me zou zien, me zou herkennen. In Odessa ben ik onzichtbaar, niemand. Ik open vastbesloten de deur. Het is levenslange nieuwsgierigheid en, toegegeven: eenzaamheid.

Ook in de sekswinkel ben ik de enige bezoeker. Gelukkig is er maar één verkoopster. Ze leest een tijdschrift en knikt als ik binnenkom. Daarna gaat ze verder met lezen, alsof ik er niet ben, alsof ik niet besta.

De artikelen liggen in schappen, zoals in de supermarkt. Maar dan een supermarkt in een land waar extreme schaarste heerst. In sommige schappen ligt niets, behalve stof. In andere schappen ligt van elk voorwerp één exemplaar. Eén vibrator, één penisring, één setje pleasure balls. Treuriger kan een sekswinkel niet zijn. Alleen het schap met zweepjes is vol. Misschien een roekeloze aankoop, overmoed in betere tijden.

Ik blijf staan voor een doos waar een dikke laag stof op ligt. Als ik het er met mijn hand afveeg, zie ik de billen van een vrouw verschijnen. Even weet ik niet wat ik zie, maar anders dan in het Literatuur Museum heb ik alle tijd om het tentoongestelde te bestuderen. De uitleg is ook gewoon in het Engels: '*Full size rear entry.*' En: '*Real Feel Super Skin.*' Een gids is overbodig.

Ik denk aan eenzaamheid als iets wat kan groeien, wat groter en groter wordt. Maar kan eenzaamheid zo groot worden dat je getroost wil worden door een vagina van synthetisch materiaal? Ik laat de vraag op me inwerken en knik dan. Eerst voorzichtig, dan steeds sneller. Ja! De verkoopster heeft echter geen aandacht voor mijn enthousiasme. Ze is verdiept in haar tijdschrift en kijkt pas op als ik de doos voor haar neerleg. Tot mijn verbazing verschijnt er een glimlach op haar gezicht, de sprankelende lach die je verwacht bij iemand die stofzuigers verkoopt, of broodroosters.

Ze zegt iets. De verkoopster wijst op de doos en vraagt iets in het Oekraïens. Ik haal mijn schouders op, ten teken dat ik haar niet begrijp.

'*Do you speak English?*'

De vrouw gaat onverstoorbaar door in het Oekraïens.

Ze wijst met een enorme, glanzende nagel op de vagina. 'Hohol,' hoor ik haar zeggen. Ik geloof mijn oren niet. Dan hoor ik het haar weer zeggen, luid en duidelijk, ijzingwekkend: 'Hohol.' Ik wil wegrennen, vluchten, de straat op, de hoek om, de beroemde Potemkin-trappen af. De Zwarte Zee in.

De verkoopster bukt en haalt een pakje alkalinebatterijen tevoorschijn. Volgens mij wil ze weten of ik batterijen wil hebben voor de vagina, die waarschijnlijk kan trillen. Wie weet zelfs kreunen.

Ik knik.

De batterijen verdwijnen samen met de doos in een doorzichtige plastic tas. Van discrete verpakkingen hebben ze hier niet gehoord. Het kost me moeite om de tas op straat niet onder mijn jas te stoppen. Schaamte is overal. Maar als ik langs het Literatuur Museum loop, voel ik ook iets anders: trots, en dorst naar wraak. Niet hier, niet in Odessa, niet nu, maar ooit, in Den Haag, in het Letterkundig Museum, zal ik wraak nemen. Ik zal bekend zijn, wereldberoemd, en mijn *full size rear entry* van *real feel super skin* zal tentoon worden gesteld. Als relikwie van de schrijver die ooit eenzaam en ongelukkig was. En iedereen mag dichtbij komen, iedereen mag mijn vagina aanraken. Niemand zal met een stok te lijf worden gegaan. Ook niet de bezoeker die met zijn broek op zijn enkels het synthetische materiaal binnendringt. Want dit is mijn wens: troost voor iedereen.

*Op Lowlands, op Mystery Land, in het Comedy
Theater in Amsterdam: overal vroeg het publiek
zich verbijsterd af wie die vreemde snuiter was die
daar plots tussen Joost Zwagerman, Saskia Noort
en Tommy Wieringa stond te oreren. Dichter des
Vaderlands zal-ie niet worden. Andy Marcelissen
is de Dichter des Larielands.*

ANDY MARCELISSEN

Ome Cor

Hoe het met mijn familie gaat
dat blijft altijd een beetje gissen
ik zie ze namelijk alleen
bij crematies of begrafenissen

Komende dinsdag heb ik een uitvaart
dan komt het er andermaal van
dan spreek ik ze allemaal weer
behalve ome Cor dan

Nog maar even

Ha, eindelijk heb ik u aan de lijn,
zei de dokter verontrust
wellicht pleeg ik nu een aanslag op uw levenslust

Want u heeft nog maar 48 uur te leven
en ik kan u zeggen: dat is nog maar heel even

Niet dat u nu meteen de moed moet laten zakken
maar nu komt het ergste:
ik krijg u al twee dagen niet te pakken!

Six Word Stories

Een six word story is eigenlijk een soort sudoku voor schrijvers. Hoe pers ik een idee voor een verhaal in een keurslijf van zes woorden? Niet alleen de auteurs bleken aangestoken door het 'six word-virus', ook de bezoekers van NightWriters leefden zich uit op de kaartjes die we voor iedere show op de stoelen legden. Hier onze favoriete verhalen van zes woorden van het afgelopen NightWriters-jaar.

Ik ben schizofreen! Jij ook al?

Sebastiaan Klaasen

Toen je leefde smaakte je beter.

Dorothe Loorbach

Vannacht weer geen been dichtgedaan.

Fleur

Dood? Nee, zo kijkt hij altijd.

Onbekend

Te koop: gescheurde trouwjapon, veel gebruikt.

Joanette

Abraham haalde mosterd, Sarah de Viagra.

Dave

Ze fluisterde: 'Kannibalen slikken alles door.'

Werner van Looy

Orale sex op Lowlands is onhygiënisch.

Hanneke

De cursus Tegenvallers gaat niet door.

Hinke Vissia

Schrijven is schrappen.

Rik

Zag je staan, maar niet zitten.

Claudia Scheibe

Eerlijkheid duurt het langst, loog hij.

Thijs

Ook een Six Word Story bedacht? Stuur het naar sixwordstory@ nightwriters.nl. Voor je het weet sta je in de eregalerij op www. nightwriters.nl.

In haar thrillers sijpelt het bloed uit huizen in bungalowparken in Brabant en vinexwijken, en in haar columns is ze niet minder meedogenloos. Dames en heren, hier is de blonde bestsellerschrijfster uit Bergen... Saskia Noort.

SASKIA NOORT

Nordic walking

Nordic walking is in ons bos dezer dagen de gewoonte en wandelen de uitzondering. Al eerder schreef ik over dit fenomeen, maar werd daarna tot stilzwijgen gemaand door de stokzwaaisters zelf, die mij overlaadden met boze brieven en zich zelfs bestokt aan mijn achterdeur waagden om mij de les te lezen. NW'sters beschikken kennelijk over een fanatisme waar menig zelfmoordterrorist jaloers op kan zijn. Dagelijks trekken zij er stampend op uit, liefst groepsgewijs en nog liever onder aanvoering van een akela-achtige cursusleidster die op schrille toon commando's roept gedurende de warming-up. Een schouwspel waar geen *Gouden Kooi* tegenop kan. Vooral omdat zich tussen de rekkende, strekkende en zwaaiende dames van zekere leeftijd steevast één zielige man bevindt. Zoals er ook op de Libelle Zomerweek altijd wel eentje rondloopt, of in de Hunkemöller, als een bang konijn achter zijn vrouw aan. En het is die man die mijn nieuwsgierigheid wekt. Waarom laat hij zich meesleuren naar activiteiten die niets met hem van doen hebben? Waarom ondergaat hij vrijwillig deze vernederingen? Waarom breekt hij niet uit, slaat hij die stokken niet stuk op zijn knieën, waarom laat hij zich zijn mannelijkheid ontnemen? Is hij de sukkel die zich reeds liet knechten op de dag dat hij met zijn aanstaande naar het altaar liep, zoals hij zich ook door zijn moeder liet manipuleren, recht het huwelijk in met die leuke dochter van de buren? Weet hij niet beter dan zijn vrouw te volgen van teddyberenbeurs naar winkelgoot naar de Bergense bossen voor een nordicwalkingcursus, bij voorkeur beiden gehuld in hetzelfde rode Tenson-jack? Of is hij andere mannen ver vooruit door zich over te geven aan de vrouwelijke macht en weet hij op deze manier de ene na de andere nordic walkster, teddyberenverzamelaarster en *Libelle*-lezeres aan zijn stok te rijgen? Ik vrees van niet. Ik vrees dat deze man, die ene man, ooit een heel leuke man geweest is. Een man met een goede baan, vele vrienden, dol op voetbal en een potje bier in het café. Getrouwd, trotse vader van een stel blakende koters. Werk, kinderen en vrienden hielden het leegbloedende huwelijk in stand, er was afleiding genoeg en ach, er zijn belangrijker dingen dan seks. Totdat hij die blondine tegenkwam en zij zijn hele leven op z'n kop zette. Zijn bloed begon weer de juiste kant op te stromen en in het verschiet lag misschien een leven waarin voor seks, hartstocht en avontuur wel plek was. In no time beheerste hij de finesses van het sms'en en e-mailen alsmede de kunst van het anoniem boeken van hotelkamers. Zijn buik verdween, zijn rug rechtte zich, hij veranderde van gewone man in zeer aantrekkelijke man en iedereen had er baat bij. Hij was vrolijker, knapper, inschikkelijker, daadkrachtiger, jeugdiger en sportiever. Hij had tenslotte alles wat zijn hart begeerde. Een vrouw die zijn overhemden streek en zaterdagmiddag de toastjes smeerde, en een minnares die hem aanbad. Maar goed, niets is blijvend en buitenechtelijke affaires al helemaal niet. Het kwam natuurlijk uit, want sms'jes komen ooit een keer in verkeerde handen, of goede, het is maar net hoe je het wilt zien. De man, hij werd op straat geflikkerd en niemand wilde hem meer zien, dat stuk tuig van de richel, de schoft, de vieze vuile smeerlap. Op zijn knieën moest hij, tot ze rauw en bebloed waren, en na enige maanden psychologisch strafkamp mocht hij terugkomen, op voorwaarde dat hij de hoer nooit meer zou zien en dat hij meer leuke dingen met zijn vrouw zou gaan doen. En dat doet hij nu dus. De nordicwalkende man is een man onder curatele. Een man die de rest van zijn leven zijn liefde en trouw zal moeten bewijzen, iedere dag weer. En daarom heb ik zo met hem te doen.

Schuren

Langgeleden klaagden mijn kinderen dat zij ook een moeder wilden die thuis zat met de zo geroemde pot thee en koekjes. Alle moeders deden dat, wreven ze me dagelijks in. Moeders die ook de gymtassen pakten, lunchtrommels meegaven met knapperig stokbrood, gesuikerde aardbeien en een beker versgeperst sap, hielpen met de wekelijkse creabea-middagen en reeds een kwartier voor tijd bij het schoolplein stonden te wachten met videocamera in de hand, manden vol geschild fruit en een bak voorop de fiets waarin de bergen tekeningen en kleikunstwerken vervoerd konden worden. Ik was niet zo'n moeder en dat stelde hen dagelijks teleur en mijzelf ook. Het was geen desinteresse noch emotionele verwaarlozing, ik was niet voortdurend met mijn kop tegen het glazen plafond aan het bonken, maar ik vond het gewoon onzin om slaaf te zijn van gezonde kinderen die vanaf groep zes heel goed in staat waren zelf brood te smeren, tassen in te pakken en een ei te bakken, zoals ik dat vroeger ook zelf deed. Zo schuldig als ik me destijds voelde over mijn onvermogen een bakfietsmoeder te zijn, zo verheugd ben ik daar tegenwoordig over. Want nu beide spruiten de middelbare school bezoeken, hebben ze mij van de ene op de andere dag in het geheel niet meer nodig, behalve dan als taxichauffeur naar Fris-feesten, als vakkenvuller van de koelkast en als permanent gevulde pinautomaat, en dat lijkt me nogal een hard gelag als je van je kinderen je levensdoel gemaakt hebt. Kleding willen ze nu zelf kopen en zo kan het dus gebeuren dat je dochter de trap afdaalt als Britney Spears op haar slechtste moment, en zoonlief met een camouflagebroek die halverwege de dijen hangt. Tekeningen maakt mijn zoon nog, maar dan van blowende negers en met mitrailleurs omhangen gangsters. Hang dat maar eens trots op je grote familieprikbord. Dochter houdt nog steeds van dansen en verkleden, maar niet meer als prinses. Nee, voorstrompelend op zelf gekochte hakken, in een kort rokje waaronder stakerige benen, gaat zij naar het Fris-feest met haar vriendinnen, die er precies hetzelfde uitzien en zich allemaal al volwassen wanen. Ik haal ze op, vier meiden met rode, opgewonden gezichten en op de vraag wat ze allemaal gedaan hebben op het feest, antwoorden ze in koor: 'Schuren!'

Dat zal wel net zoiets als schuifelen zijn, denk ik en ik herinner me de kleffe dans, de zweterige handen op je heupen en hoe je dan ineens je hoofd op zijn schouder legde en als een luiaard om de kleine jongen hing.

'Wat leuk, schuren, hoe gaat dat?' vraag ik en de meiden beginnen te zuchten, want het is wel heel bejaard als je dat niet weet.

'Nou, gewoon, een jongen pakt je vast van achteren, en dan bubbel je met je kont tegen hem aan.'

'Bubbel?'

'Ja, schudden met je billen.'

'En die jongen dan?'

'Die schuurt tegen je kont.'

Mijn dochter heeft er met drie geschuurd, waarvan er twee lelijk waren, maar dat gaf niet want je zag zijn gezicht toch niet. Ik vraag me af hoe bakfietsmoeders hiermee omgaan.

'Realiseren jullie je wel dat die jongens hiervan een erectie krijgen?' zeg ik.

'Gadver mam! Jij altijd met je oversekstheid! Jesses,

nou, dat ga ik dus nooit meer doen!'

'Wat is een erectie?' vraagt een vriendinnetje.

'Vraag dat maar aan je moeder', antwoord ik en ik voorzie weer een preek van een bakfietsmoeder.

ELVIS PEETERS

Nissan

Wij zijn vrij. Zonder slag of stoot zijn wij vrij. Wij zijn niet zo geboren, wij zijn niet zo opgevoed, wij zijn het omdat wij het zo willen. Waar of niet?

We halen onze schouders op. Waar.

Waar.

Waarom niet?

De zon schijnt, hard, alsof dat nodig is met deze hitte. Liesl kruist haar armen achter haar hoofd. Haar oksels vormen gladde, ondiepe kommetjes. Haar borsten staan wijd uit elkaar. Ze zijn klein, met tepels van roze marsepein. Ze draagt vandaag geen beha. In haar navel zit een glinsterend steentje, een spikkeltje zonlicht.

Hoe laat vertrekken we?

Over een half uur.

Waar blijft Ena?

Thomas opent een blikje bier dat al lauw moet zijn op dit uur.

Het kan ook zonder Ena.

Hoe meer meisjes hoe beter.

Ze heeft nog alle tijd. Ze kan ook later aansluiten, de dag duurt nog lang.

We vertrekken stipt, voor zover dat begrip iets betekent. Ena in amazonezit achter op de brommer bij Karl. Liesl, Ruth en Femke rijden met de fiets, net als wij. Ze zien er goed uit, met die rokjes.

De zon laat niet af, Ruth zeurt dat zij op de brommer wil, dat ze om beurten op de brommer moeten kunnen, dat Ena best ook kan fietsen, dat het met deze hitte te ver trappen is. Allemaal waar en allemaal niet waar. Als je een flink tempo aanhoudt, word je minder moe dan wanneer je sleept.

We kunnen het geraas van de autosnelweg al horen.

Jens had een camera meegenomen voor wanneer er iets zou gebeuren, om het vast te leggen. We hadden een viaduct gekozen waarover maar weinig verkeer kwam, en waaronder de snelweg een flauwe bocht maakte.

De meisjes namen hun fietsen mee op het viaduct, wij verstopten de onze in de berm achter een struik.

Een goed uitgewerkt plan hadden we niet. We improviseerden, zoals we altijd doen.

Wij gingen een eindje voorbij het viaduct in de berm zitten.

Thomas haalde zijn verrekijker tevoorschijn. Iedereen had wel ergens aan gedacht. Ook de brommer stond op het viaduct, met Karl. Hij vond ons belachelijk, wegkruipen in de berm. Jens dacht dat de beelden vanuit het groen in de berm spectaculairder zouden zijn, met de snelweg vlak voor de lens. Karl had natuurlijk gelijk, vanaf het viaduct zou het niet minder geweldig zijn. We hadden geen zin in discussies en tussen de struiken in de berm hing schaduw.

Karl zat op zijn brommer met zijn armen gekruist op de brugleuning. De meisjes hadden hun slipjes uitgetrokken. Eigenlijk waren we er niet van overtuigd dat er iets zou gebeuren. We vroegen het ons alleen maar af: zou er iets gebeuren?

De eerste dag sterkte ons. De kans leek ontzettend klein, maar niet onmogelijk. Een wagen was aan het slingeren gegaan, een zwarte Mercedes. Een zakenman, dachten we. De meisjes beweerden dat nog een paar auto's van hun baanvak waren afgeweken, een chauffeur had getoeterd — een vrouw, zei Karl. Ook een vrachtwagen was gaan slingeren, maar Thomas vond dat dit niet met zekerheid aan de meisjes lag — vrachtwagens slingeren wel vaker. Op die ene Mercedes na hadden we vanuit de berm niets bijzonders gezien.

We vroegen ons af, als het gebeurde, wie het zou zijn.

We maakten er grappen over, stelden weddenschappen voor.

We belden met de meisjes. We keken naar hen met de verrekijker en met de camera en lieten hun telefoon overgaan. Eerst die van Femke, toen die van Liesl, toen die van Ena, toen die van Ruth. We hadden niets te zeggen. We zeiden, kom eens naar deze kant van het viaduct. Ze stonden aan de andere kant en we zagen enkel hun schouders en hun hoofd. Alleen Ena stak de weg over en liet zich aan onze kant van het viaduct bewonderen. Ze stak haar tong uit. De auto's raasden. De zon daasde. Koeien graasden achter de berm.

Al bij al waren we tevreden over deze eerste dag. De meisjes belden om te melden dat ze honger kregen, dat ze ermee ophielden voor vandaag. Op de terugweg nam Karl Ruth mee op zijn brommer.

De dag daarop namen we hetzelfde viaduct. Dat waren we niet van plan geweest, we bleken te lui om een ander te kiezen.

We kropen niet terug in de berm. We gingen bij Karl en zijn brommer staan, een eind van de meisjes verwijderd. Boven de andere rijrichting van de snelweg, waar het viaduct al bijna weer begon te dalen.

Over het viaduct kwam weinig verkeer. Af en toe een tractor, soms een auto, soms een fietser. We zagen ze van ver komen. We waren gewoon twee groepjes jongeren, een paar meisjes, een paar jongens, die uit verveling naar de auto's op de snelweg keken die onder het viaduct door raasden. Vrachtwagenchauffeurs, zakenlui, koeriers, families die op vakantie vertrokken. Het kon iedereen overkomen. Achter het stuur moet je oplettend zijn. Hoe graag worden mensen niet afgeleid? We vroegen ons af of het mogelijk was. De meisjes stonden op een rij, hun voeten uit elkaar. Ze wuifden naar de auto's. Met één hand, de andere arm lag met de elleboog op de brugleuning en met die hand hielden ze hun rokjes omhoog. Hun kruis paste precies tussen twee spijlen van de reling. Vier jonge kutten. Wie wil dat niet zien? 's Ochtends om half elf. De zon brandde al.

Plots zagen we de auto van zijn lijn afwijken, een grijze Peugeot. Hij raakte maar heel even de auto die hem net inhaalde, een groene Nissan. Hun snelheid lag hoog. Ik meen zelfs dat Liesl met haar slipje zwaaide in plaats van met een witte zakdoek. We hoorden de klap onder het viaduct. Jens rende met zijn camera naar de reling aan de overzijde. De auto's schoten dwars over de rijstroken. De Nissan sloeg over de kop en belandde in de middenberm, die geel zag van de brem. De Peugeot tolde tegen de vangrail, werd opnieuw de weg op gekatapulteerd. Femke filmde het met haar gsm, ze moet bliksemsnel zijn geweest. Als bij een wonder raakte de Peugeot geen andere wagens meer. We konden de adrenaline ruiken. We hoorden tientallen auto's, vrachtwagens krijsend remmen. Een blauwe Audi met een caravan die te snel reed, ramde een bestelbus. De Peugeot sloeg tegen de berm, bijna op de plek waar wij de dag daarvoor hadden gezeten. Toen klonk een luide knal. De Nissan vloog in brand tussen de bremstruiken, met zijn vier wielen omhoog. We hoorden het loeien en het ratelend knetteren van de vlammen. Karl startte de brommer, hij nam Liesl mee, de andere meisjes holden naar hun fietsen. Het was warm, we hadden dorst. Wellicht haalde het voorval de kranten en wisten we morgen wie de slachtoffers waren.

Het mooiste op de beelden van Jens zijn de vlammen en het verzengen van de brem. Femke legde alleen de smerige zwarte rookwalm vast.

Ze was soapster, ze speelde toneel, ze geeft cursussen thrillerschrijven voor NightWriters, maar wat ze het allerbeste doet is zelf thrillers schrijven. Hier is Elle van Rijn.

ELLE VAN RIJN

De hoer

Ik ben in een bordeel gaan werken. Niet in het echte leven, in mijn tweede leven op internet. Ik wilde seks, maar alleen als ervoor betaald werd. Ik gaf mezelf het uiterlijk van Angelina Jolie en lokte mannen mee naar mijn penthouse boven het drukke stadsverkeer. Op het brede balkon onder het luide geraas van duizenden tweede levens in hun snelle auto's bedrijf ik de liefde met ze. Hoewel dit misschien wat te romantisch is uitgedrukt voor hoe het in de (virtuele) werkelijkheid gaat. Meestal is het snel neuken en klaar. Maar af en toe zit er ineens een fanatieke beffer bij. Omdat ik niet van pijpen hou, lopen sommige mannen kwaad weg. Ook al leg ik ze uit dat het slecht is voor mijn stembanden. Ik ben namelijk ook zangeres. Het kontneuken is wel iets waar de meeste mannen heel blij mee zijn. Dit vind ik nog altijd raar. Waarom zou je willen kontneuken als je kunt kutneuken? Ik heb dat eens gevraagd en het antwoord was dat ik daar strakker was. Vreemd. Ik kan mijn virtuele kut toch zo strak maken als ik wil? Een andere verklaring kreeg ik van een moslim. Hij wilde mij niet ontmaagden. Ook een heel kromme gedachte als je naar een hoer gaat. Ach, het maakt mij niet

zoveel uit. Ik vind het allebei lekker. Maar in mijn mond...
De gedachte alleen al doet mij kokhalzen. De laatste keer
dat ik virtueel geneukt heb is tweeënhalve week geleden.
De laatste keer dat ik het echt heb gedaan, een half jaar.
Ruim.

Ik was op een scheidingsparty van Sandra, een vriendin. Tegenwoordig grijpen mensen elke gelegenheid aan
om een feestje te geven. Ik had natuurlijk niet verwacht
dat haar ex er ook zou zijn, dus toen ik hem in de gang
tegenkwam was ik zo verbaasd dat ik hem spontaan om
de hals vloog. Spontaniteit is iets wat mij vreemder is dan
welke gedraging ook. Ik ben dan ook vrijwel nooit spontaan, tenzij er iets gebeurt waardoor ik in de war raak. Ik
had net smakelijk zitten lachen om allerlei vreselijke verhalen over hem uit de mond van mijn vriendin, dus toen
ik hem tegenkwam was het puur mijn slechte geweten dat
mij 'spontaan' om zijn nek deed vliegen. Hij was blijkbaar
nogal aangenaam verrast, want hij stak gelijk zijn tong
in mijn mond. Terwijl hij met zijn warme natte lap vlees
mijn mond bewerkte, werd ik week in mijn knieën. Het
was te lang geleden. Ik kon geen weerstand bieden. Hij
trok me mee naar boven naar een klein balkonnetje dat
uitkeek over de straat. Dit leek zo verdacht veel op mijn
ervaringen op internet, dat ik nog geiler werd. Natuurlijk
wist ik dat ik het niet kon maken tegenover Sandra. Dat
een ergere daad op dat moment niet denkbaar was. Maar
mijn lichaam smeekte om deze man. Haastig kleedden
we ons uit en terwijl mijn broek nog aan één been hing,
duwde hij me achterover. Hij beukte zo hard op me in dat
de splinters van de houten vlonders rechtstreeks in mijn
kont terechtkwamen. Het was desondanks heerlijk en ik
vond het jammer toen hij met zijn laatste stoten in mij
klaarkwam. Ik had nog zoveel meer gewild.

Toen we ons weer gefatsoeneerd hadden en met het

gedeelde geheim naar beneden liepen, keek hij me nog even samenzweerderig aan. Voordat hij de deur opendeed naar het feestgedruis legde hij zijn wijsvinger op zijn gesloten mond en gaf me een vette knipoog. Het was ons geheimpje. Ik voelde me wel wat ongemakkelijk, maar ook vooral heel opgewonden. In mijn leven gebéúrde wat. In mijn echte leven. Bedrog en intrige. Ik liep naar de geïmproviseerde bar, rukte stoer een breezer uit het ijs en klikte met een handig gebaar de dop eraf.

En toen begon het. Hij, Frank, de ex, begon te praten. 'Weet jij wie ik net geneukt heb, San?' Shit, wat was dit nou voor een actie? Ik durfde me niet om te draaien en bleef gebiologeerd naar de gekleurde flesjes kijken. 'Je mag drie keer raden welke vriendin van jou ik genaaid heb.' In paniek probeerde ik te bedenken hoe ik kon vluchten. 'Bij de eerste keer goed krijg je de volledige inboedel die je geëist hebt. Bij de tweede keer goed krijg je alleen de meubels. Bij de derde keer goed mag je je eigen antieke troep meenemen en het bed. Maar raad je het niet, dan mag je alleen de Fiat Panda meenemen die ik voor je gekocht heb. Dus, wie was het?' In de stilte die volgde kon ik nooit ongemerkt een stap richting de deur zetten.

'In godsnaam Frank, doe niet zo kinderachtig. We hadden het toch goed geregeld met elkaar. Vrienden, weet je nog?' Zachtjes draaide ik een halve slag zodat ik haar op de rug kon kijken en hem in zijn gezicht. Zou hij me zien, dan kon ik hem misschien nog tot redelijkheid manen met mijn ogen. Maar hij keek niet.

'Ik tel tot tien. Eén, twee...'

'Lotte!' Lotte was onze populairste vriendin. Knap, blond.

'Fout. Drie, vier, vijf...'

'Marriët.' Marriët, die naast Sandra stond, keek haar met een woedende blik aan.

'Fout. Zes, zeven...' Ik kon niet meer, ik gooide me in hun blikveld en stak mijn arm in de lucht. Ik wilde het beste voor haar. Zodat ze er in elk geval iets van de spullen aan zou overhouden. Sandra keek me niet-begrijpend aan. '...negen... tie...'

'Anna?'

'Je hebt mazzel! Het was inderdaad Anna. Maar als zij zichzelf niet had verraden was je er nooit achter gekomen.' Mijn vriendin kwam op me af gelopen.

'Zeg dat het een leugen is.' Ik deed iets met mijn hoofd wat tussen schudden en knikken in zat en voelde het sperma uit mijn nog nagloeiende kutje lopen. 'Jij zou zoiets toch nooit doen, hè?' Ik wilde antwoorden of op zijn minst met iets van mimiek reageren, maar mijn lippen, noch de rest van mijn gezicht kwam in beweging. Met een fel 'Zie je wel, Frank, het is niet waar!' draaide Sandra zich om naar haar rivaal.

'Jawel hoor,' zei hij triomfantelijk alsof hij op deze ontkenning had zitten wachten om zijn laatste troef uit te kunnen spelen. 'Trek haar broek maar naar beneden. Ze heeft geschaafde billen.' Mijn schaamrode hoofd tikte als een tijdbom. Nog een paar seconden voor de grote uiteenspatting. Ik moest het zeggen.

'Het is waar, Sandra. Ik eh... Het spijt me. Ik ga wel weg.' Ik draaide me om en wilde het op een lopen zetten, maar haar snerpende stem hield me tegen.

'Hier blijven jij!' Twee handen pakten me bij mijn middel en trokken me naar achteren. Met geweld werd mijn riem opengetrokken en werden de knopen van mijn jeans losgerukt. Toen mijn broek over mijn billen schoof leek het alsof er duizend kleine naaldjes in mijn zachte vlees werden gestoken. Het bewijs was snel geleverd. De schaafplekken en splinters moeten een mooi landschap hebben gevormd op mijn kont. De moeite om mijn broek weer omhoog te hijsen deed Sandra niet. Ze kwam voor me staan en zei: 'Frank en ik willen jou nooit meer zien!'

5 Minutes of Fame

In samenwerking met Hyves zoekt NightWriters iedere maand naar het beste korte verhaal van een onbekend talent. De winnaar krijgt zijn of haar '5 Minutes of Fame' op het NightWriters-podium. Jan Evert van Apeldoorn, Ithar da Costa en Leonie Veraar behoorden tot de besten van dit jaar.

JAN EVERT VAN APELDOORN

De ontplofte man

Er is een man ontploft op de Dam in Amsterdam!

Wanneer ik wakker word, loop ik altijd direct op de televisie af. Ik ben sensatiebelust; een behoefte die nooit gestild kan worden. Waar de meeste mensen afhaken, haak ik in. Tsunami's, onthoofdingen, voetbalrellen, ingestorte bruggen, aanslagen, niets is mij te veel. Als ik naar het nieuws kijk, hóóp ik dat er iets verschrikkelijks in de wereld is gebeurd. Gelukkig is dit regelmatig het geval. Een achtuurjournaal zonder doden en gewonden hoeft van mij niet uitgezonden te worden.

Het nieuws dient ter vermaak. Bovendien is het een troost voor me. Wanneer ik me druk maak om bijvoorbeeld de inhoud van mijn portemonnee en vervolgens van Jeroen Overbeek te horen krijg dat er door een modderstroom op Sumatra een heel dorp is weggevaagd, voel ik me beter. Het is prettig om iets verschrikkelijks te horen, iets dat erger is dan mijn eigen situatie.

Het beste journaal dat je kunt meepakken is er één waarin gewaarschuwd wordt voor schokkende beelden. De secondes tussen de waarschuwing en de beelden gebeurt er iets met me. Opwinding, verwachting, voorspelling. Klamme handen. Er komt iets gruwelijks aan. Of wanneer er rechts in beeld een hand verschijnt met een blad. Een zojuist binnengekomen extra nieuwsbericht. Fantastisch vind ik dat. Je zou toch bijna de televisie in willen duiken en het blaadje uit Jeroen zijn handen willen rukken. Nieuws, sensatie, kom maar op met dat dodental.

Meestal wordt het niet gewaardeerd wanneer ik mijn uitgesproken mening rondom deze sensatiebelustheid uitspreek. De hypocrisie die daarvan uitgaat vind ik walgelijk. Elk mens houdt toch van spanning. Het is toch godverdomme spannend wanneer er een vliegtuig is gekaapt. Hoe loopt dit af? Dat wil je toch weten?

Mijn eerste kennismaking met deze vorm van sensatie begon in de tijd van de Golfoorlog. Ik was een jaar of acht. Wij, mijn broer en ik, zaten met chips en cola voor de televisie, wachtend op nog zo'n groene lichtflits. Oorlog verbroedert. Toen de oorlog in Afghanistan begon, zijn mijn broer en ik een week ondergedoken bij mij thuis. Chips en cola, stukje nostalgie.

Een kettingbotsing is leuk voor een minuut of tien, maar bij een oorlog houdt de spanning een aantal dagen aan. Aan het begin van een oorlog is alles nog mogelijk, alles is sensatie. Aangezien nieuws alleen boeit wanneer het vers is, kijk je de eerste dagen fanatiek naar de oplopende dodentallen, de bezette gebieden en de Amerikadeskundigen. Na een week gaat de lol eraf. Dan weten we het wel. Maar gelukkig, en dat weet u ook, zal er niet veel later ergens in de wereld weer een man ontploffen.

ITHAR DA COSTA

Beste Allah

Beste Allah,

Ik wil u allereerst hartelijk bedanken voor de carrière die
u mij biedt.

Maar vooraf heb ik nog wel een vraag,
want daarover zijn ze hier nog vaag:
zijn uw maagden nog wel zuiver en fris?
Ik wil zeker weten dat het echt zo is
want met al die zelfmoorddromen
is het aantal martelaars flink toegenomen.

Natuurlijk sta ik voor de goede zaak,
maar als ik snel een sommetje maak
zijn het vooral zelfmoordmannen die op de knoppen
drukken, terwijl de zelfmoordvrouwen
hun ongeschoren snorren drukken.

Ik wil mij niet achter ongeloof verstoppen,
maar stel dat mijn getallen kloppen
hoeveel maagden hebt u dan nog in uw arsenaal?
Want hoe teleurstellend is mijn onthaal
wanneer slechts één afgeragde maagd
mij om het begeerde plaatsbewijsje vraagt?

Wij smijten duizend bommen en granaten,
maar blijkbaar heeft niemand in de gaten

dat even zo veel zelfmoordmannen
brandend van verlangen
wachten op een hete geile maagd
die smachtend op een hemelse zegen vraagt.

Beste Allah,

Nu even geen gelul.
Maar die maagden moeten er wel zijn.
Anders kom ik met een paar vrienden
en slaan wij uw hemeltje kort en klein.

Met vriendelijke groet,

Een bezorgde fan

LEONIE VERAAR

Bloody Mary

Met een vuistslag drukt hij zijn hartenvrouw en schoppen-
vrouw op tafel. Zijn ogen stralen macht uit, of is het lust?
Ik ken het verschil niet, maar ben voor beide niet bang.
Ik zie de tafel trillen onder het gewicht van drie vrouwen.
Hoor het rinkelen van bierflesjes in de leren buitenrand.
Hoor zijn stem die zegt:

'Vrouwen kosten altijd geld, behalve als ze eindelijk eens
wat opleveren.'

Nog steeds kijk ik hem aan. Een spier trekt zich rusteloos
samen over zijn brede kaaklijn. Strak als zijn zwarte haar
dat uit één stuk gemaakt lijkt. Glimmend als plastic. Ik
ben niet bang. Ik ben niet bang. Ik draai mijn azen om.
Het is nooit genoeg. Al mijn geld schuif ik naar hem toe.

De wc-bril is met zwart tape vastgemaakt aan de stort-
bak. Met mijn nagels probeer ik een stukje los te peute-
ren. Mijn nagels zijn te kort voor de nagels van een vrouw.
Een echte vrouw zou überhaupt niet met haar lange
roodgelakte nagels aan een stukje natgepieste tape willen
komen. Ze zou zich niet in deze wc begeven. Niet in dit
leven. Maar nu ik hier toch ben wil ik graag zitten. Al kost
het me mijn vingerkoten.

Met zijn glas zwaait hij door de lucht.
  'Bloody Mary on the rocks, baby.'

Als ik zijn glas wil pakken, houdt hij het vast.

'Niet zo vlug, schatje. We willen niet dat er dingen stuk gaan, toch?'

Met mijn hand nog aan het glas dwalen mijn ogen naar de grond. Het is wachten tot hij er genoeg van heeft.

Ik sla hard tegen de muur. IJs breekt in de geruite theedoek. Met één hand giet ik de kleurloze martini erbij, dan de Varesa Tomatensap. Uit mijn andere hand bungelen twee lichtblauwe draadjes. Ze draaien om elkaar heen tot ze vastzitten met een knoopje. Verraden wat daarbinnen in mijn handpalm geklemd zit. De warme vochtige plakkerigheid. Ik maak een vuist boven het glas tot het vocht door mijn vingers sijpelt, het in lange slijmerige draden in het mengsel verdwijnt. Mompel de woorden voor me uit alsof het een toverspreuk betreft:

'Bloody Hell, hij kan het krijgen.'

De Lamborghini Gallardo Nera zoemt zachtjes met me op. Ik hoor het bekende geluid van het zakkende raam, de beginklanken van zijn lievelingsnummer. Mijn lievelingsnummer. Zijn stem wint het qua diepte van Jim Morrison — trilt door in het kogelwerende pantserstaal.

'Stap in schatje, het feest is voorbij.'

Nog voor ik het portier kan dichtslaan geeft hij gas. De bizarre klanken van Ray Manzarek overstemmen mijn:

'Oké, pap.'

ALEXIS DE ROODE

Ode aan Lidl

Het wordt weer lente, de Lidl roept!
Hoe vrolijk spat het warme geel van de ramen,
hoe helder glanst het blauw:
zon, zee en Lidl lachen mij toe.

De winkelkarretjes staan te glimmen
vanaf de deur tot aan het einde van de straat,
en daar komen ze al van heinde en verre,
het vrolijke volk van Lidl:
kijk daar is Marieke, die geen geld krijgt van haar vader!
Kijk daar is mevrouw Van Zon, met alleen een aow'tje!
En kijk, Els van Diepen met haar tas van Albert Heijn –
die denkt altijd aan alles!

Treed binnen, treed binnen!
O wonderstad van dozen,
skyline van voordeel tot de hemel!
De melk is houdbaar tot het laatste oordeel
en in een Dames Spijkerbroek van 12.99
komen je billen nog mooier uit, Svetlana!

Zie de knakworstjes, goedkoper dan meel!
Zeevruchten Bonbons voor 1.19!
12 Condooms voor 2.99!
Slagroom Taart 1 Kilo voor maar 3.19!
Noedel Gerecht Kaas voor –.89
— o meer dan men ooit had vermoed —
Hoefbalsem!
Kinderboeken Met Geluid!
Een Stuurkoeltas!
Sierzeep!

En dan gaan we met z'n allen
in de rij rij rij,
de blije polonaise tot het einde van de winkl.
Zo'n lange rij ziet men enkl in Lidl,
want van heinde en verre komt het volk.
Klik klik klik daar gaat Fatima,
hoor eens hoe haar hakjes tikken
op de bikkelharde tegels!
Hoe duizelt mij de ruitjesjas van Fatima!

Prinsesje op je troon, take me home!
Acht müslirepen voor –.99. Tsjing!
Een liter Paarden Shampoo voor 2.99. Tsjing!
Een rol beschuit voor –.29. Tsjing!

En nu lekker kletteren over straat,
in een vrolijke processie
verkondigend het paradijs:
neem dit brood
(3 polderbroden voor de prijs van 2!)
neem deze wijn
(2 flessen voor 3.99!),
want dit is gegeven voor u en voor alle mensen!

Vrouw, zie mij aan: ik ben je man!
Ik ben teruggekeerd met het bewijs
dat het volautomatisch arbeidersparadijs
zoals Karl Marx het reeds voorzag,
eindelijk is aangebroken!

Kijk eens wat ik heb:
pitloze druiven en eindeloos kinderloos genot,
12 voor 2.99
en *there's plenty more where that came from.*
We hoeven nooit ons nest meer uit
met ons Vier Seizoenen Dekbed,
fuck de wereld, we hebben hier
een hele pot Cock au Vin voor 6.99
en 360 gram Partysticks
voor –.59!

Sluit de deuren!
Zet de tv aan!
Vanaf nu, schatje,
wordt alles anders.

Ze schrijft net zo makkelijk over lachtherapieën als over heilige plaatsen, ze is recensent, columnist, romanschrijfster en ze is de mooiste heks binnen onze landsgrenzen, hier is Susan Smit.

SUSAN SMIT

Liefdesstratego

Je weet dat je niet langer aan het daten bent, maar dat er sprake is van een relatie als je eerst zíjn horoscoop checkt voordat je die van jezelf leest en als je bij het zien van de menukaart weet wat híj gaat kiezen voordat je zelf een keuze maakt. Natuurlijk spreek je als overtuigd lid van de bindingsbange generatie het R-woord niet uit, maar na een maand of vier probeer je op subtiele wijze het blijvende karakter van de omgang te benadrukken. Door bijvoorbeeld, zoals ik deed, een onschuldig lenzendoosje per ongeluk expres bij hem te laten slingeren. Helaas werd de hint niet opgepikt en toverde F. het bij de volgende date opgewekt tevoorschijn: 'Dit ben je laatst vergeten.' Sindsdien draag ik het lenzendoosje heimelijk in mijn tas om voorbereid te zijn op logeerpartijtjes. De rest van mijn toiletartikelen meeslepen zou te veel opvallen, met als gevolg dat ik menig ochtend onder het mom van 'broodjes halen' bij de dichtstbijzijnde drogisterij een complete make-up heb aangebracht met testers. Kennelijk neem ik liever het risico op een acute ooginfectie door een testermascara, dan dat hij de hele ochtend tegen mijn make-uploze ogen zou moeten aankijken.

Maar nu is het dan zover: ik heb toestemming om een eigen toilettas in zijn badkamer neer te zetten. Een plechtig moment *indeed*. Het shoppen naar een toilettas bleek niet eenvoudig te zijn: het ding mocht niet te truttig, niet te meisjesachtig, maar ook niet te kil zijn. Het moest er zo uitzien dat hij, elke keer als zijn oog erop viel tijdens het scheren, ontroerd zou glimlachen en vertederd aan mij zou denken. Dat werd natuurlijk een onmogelijke queeste, waarbij De Toilettas van gebruiksartikel uitgroeide tot symbool voor de algehele staat van de relatie en de toekomst ervan. Ik werd er bloednerveus van en besloot uiteindelijk uitgeput tot de aankoop van een neutrale zwarte die − ik was inmiddels realistisch geworden − in ieder geval geen irritatie zou oproepen.

Bij een kop koffie met vriend J. vertelde ik vol trots over mijn toekomstige eigen hoekje in F's badkamer. J. klapte verheugd in zijn handen, maar ging er genadeloos overheen met zijn eigen *commitment*-doorbraak: hij ging samen met zijn minnaar een televisieserie volgen. Daar viel ik van stil. Wauw. Dat betekende een vaste avond per week samen op de bank kruipen.

'Eén vraagje,' zei ik terwijl ik mijn overwinning rook, 'betekent dat automatisch dat jullie bij elkaar blijven slapen of mag dat voornemen niet uitgesproken worden?'

J. snoof en zei fijntjes: 'Vraagje: zitten er in die toilettas van jou restjes en vakantietubes en mag hij alles wegflikkeren als het uitgaat of niet?' *Damn*. Ik nam me onmiddellijk voor om de toilettas op te waarderen met mijn duurste Chanel-lipstick.

Wat is er mis met ons? Het lijkt wel of elke single twintiger en dertiger tegenwoordig last heeft van een relatiefobie. We rekken het stadium van vrijblijvend daten op tot absurde proporties, waarbij we elke hint naar verwachtingen en toekomstplannen zorgvuldig uit de weg gaan omdat we bang zijn de ander af te schrikken of om zelf niet meer open te staan voor andere mogelijkheden (lees: mannen). Het is zó niet romantisch, dat spelletje Stratego dat we aan het spelen zijn.

De hele toilettaskwestie ging me op de zenuwen werken. Na deze amoureuze hebberigheid zou ik er zeker drie dagen 'te-druk-om-je-te-zien' tegenaan moeten gooien om de schade enigszins te herstellen. Vreugdeloos, in het geheel niet plechtig, zette ik de tas in zijn badkamerkastje — totdat ik zag wat ernaast stond en mijn hart een sprongetje maakte: hij had een flesje doucheschuim gekocht. Voor vrouwen.

Toiletboek

Op een donderdagmiddag zat ik met wat schrijvers in de kroeg te borrelen en te mopperen, zoals dat gaat. 'Mijn redacteur begrijpt me niet,' somberde de een. De ander klaagde dat hij zijn plot maar niet op een natuurlijke manier kreeg uitgewerkt en daadwerkelijk overwoog de dader zijn misdaad als in een B-film te laten opbiechten: 'Toen jullie allemaal dachten dat ik dít deed, deed ik mooi dát. Ha!' De volgende vreesde een *midbook crisis*. En ik zeurde dat ik 'in de boekhandel niet meer op tafel lag, maar in de kast stond'.

Het tij leek te keren toen er een man naar ons tafeltje liep en vroeg of ik soms 'die schrijfster van *De zweefmolen* was. Ik begon al te glimmen, totdat hij verder sprak.

'Ik lees je boek op de wc!' riep hij enthousiast uit. 'Het is echt een toiletboek met die korte stukjes.'

'Tijdstip van overlijden: 17.40 uur,' gniffelde schrijver Arjen Lubach toen hij mij wit weg zag trekken.

Beelden van mijn boek, ergens tussen een toiletborstel en een bus luchtverfrisser, met mijn auteursfoto ribbelig van de spetters, drongen zich aan me op. Genoeg om in een middelgrote winterdepressie te storten. Het kwam niet meer goed tussen deze meneer en mij, dat mag duidelijk zijn.

De rest van de avond hebben we aanstellerig veel wijn weggewerkt en ons nederig beseft dat wij schrijvertjes nooit weten in welke compromitterende posities onze woorden gelezen worden. Eén troost hebben we wel: jullie weten ook niet hoe wij zitten te schrijven. Met onze haren gekamd en ons bloesje gestreken zoals op die auteursfoto die met pen van een snorretje wordt voorzien en beduimeld raakt met koffievlekken? Ik dacht het niet.

MAARTEN SPANJER

Middenstand

Ik heb bij mezelf de laatste tijd een merkwaardige angst ontwikkeld voor de uitstervende middenstander. Steeds vaker zoek ik mijn heil in de vroeger zo door mij verfoeide supermarkt, die er alleen maar op uit was 'de kleine man' de nek om te draaien, teneinde zichzelf een monopolie-positie op de markt te verwerven.

Het moet al begonnen zijn toen ik als kind voor mijn vader enkele keren per week een pakje halfzware shag bij de sigarenzaak op de hoek moest halen. Zo'n pakje kostte eenguldentachtig. Als ik dan twee gulden op de toonbank legde, gaf de sigarenman mij steevast twee dubbeltjes terug met de woorden: 'Met zijn tweetjes, ziet u wel.' In het begin had ik er nog geen last van, maar na een paar maanden kon ik de man wel wurgen en kocht voortaan vaders rookwaren een heel eind verderop. Later toen ik zelf rookte herhaalde de geschiedenis zich. Mijn siga-renwinkelier in de Kinkerstraat vraagt zich nog steeds af waarom ik er niet meer kom. Ik heb het hem nooit ver-teld. De grapjas legde mijn shag en het pakje vloei op de toonbank en zei voor de honderdachtenzestigste keer: 'Kijk eens, een drumstel voor meneer.'

Hebt u dat nou ook, dat wanneer je vooruit weet wat mensen gaan zeggen er een verstikkende angst zich van je meester maakt? Dat je van tevoren denkt: Laat hij of zij het alsjeblieft niet zeggen, anders bega ik een ongeluk.

De groenteboer bijvoorbeeld. Als ik sinaasappels bij hem bestel, roept hij luidkeels door de zaak: 'Tien van onze overheerlijke sinaasappels om van te watertanden. Meneertje hier weet wat lekker is.' Of de filiaalhouder van mijn slijterij. Als je hem lege flessen overhandigt is zijn standaard-antwoord: 'Kijk eens aan, voor mijn verzameling.'

Een keer mag, maar niet altijd.

De stomerij in de populaire winkelstraat, waar ik al jaren kwam, levert een ander probleem op. Het is een smalle straat en zijn deur staat altijd open. Ik had ergens anders een Turk ontdekt die drie keer zo goedkoop is. Nu is het iemands goed recht om naar een ander te gaan, om wat voor reden dan ook, maar dat werkt in de praktijk niet zo. Ik durf al drie jaar niet meer gewoon langs mijn oude stomerij te lopen uit angst dat de eigenaar mij in het vizier krijgt. Elke keer steek ik de straat over, ook als ik in de winkel ernaast moet zijn, en schuifel dan met afgewend hoofd schichtig langs de lingeriewinkel van Marlies Dekkers, waar ik ook al niets te zoeken heb, om zijn blik te ontwijken.

De slager probeer ik nu ook al te mijden. Boven de toonbank heeft hij een lijntje gespannen met oranje vaantjes, die de indruk moeten wekken dat het elke dag feest is in de zaak. De prijzenkast, die prominent in de zaak hangt, puilt uit met bekers en medailles die hij bij slagersvakbeurzen gewonnen heeft voor de beste achterham, de mooiste kippenleverpastei, de lekkerste gehaktbal, etc.

117

Aan het eind van het jaar komt daar dan nog eens een groot schoolbord bij, waarop de slager zichzelf feliciteert met de lekkerste kant-en-klaarmaaltijden van het jaar. Je verwacht dat er elk moment een drumband de zaak binnenmarcheert om de slager te huldigen.

Vorige week liep ik een lunchroom binnen in het centrum van Amsterdam voor een kop koffie en een broodje. De eigenaar deed met een diepe buiging de deur voor mij open alsof ik een Hummer bij hem kwam bestellen.

'Wat mogen we voor u betekenen op deze prachtige ochtend?' kraaide hij handenwrijvend. De moed zonk me in de schoenen. Ik had het kunnen weten. Zijn zaak heet 'De Eetmosfeer'.

'Een kop koffie. Cappuccino of espresso,' jengelde hij door. 'Wil ik er nog iets lekkers bij doen? Wat dacht u van een broodje gezond?'

Om hem te pesten, bestelde ik een broodje hamburger.

'Een hamburger,' jubelde hij, 'wat zegt u tegen een uitje?'

'Ik lul niet tegen uitjes,' antwoordde ik.

Bij het overhandigen van de kassabon – 'Zo, nu hebt u weer wat literatuur voor tijdens de donkere dagen ' – was er van mijn goede ochtendhumeur weinig meer over.

Bij de kaasboer heb ik een probleem van andere orde: Ik kan geen 'nee' zeggen. Van elk onsje kaas dat je bij hem bestelt, snijdt hij een plakje af en reikt het op zijn mes aan met de vraag: 'Even proeven?' Ten overstaan van een volle winkel sta je dan dom kauwend naar het plafond te staren alsof de smaak daarvandaan te halen is. Met opengesperde ogen begint de kaasboer ook met zijn mond te trekken, alsof hij mee proeft. Mijn enige zorg is de kaas zo snel mogelijk weg te krijgen om met leeggemaakte mond 'verrukkelijk' te kreunen. Nooit 'gaat wel', want dan heeft hij al een andere kaas te pakken en moet je weer proeven.

Mijn aangepaste gedrag neemt tegenwoordig steeds ernstiger vormen aan. Gisteren bij de slager nog spontaan een stukje leverworst uit zijn hand gehapt. Hij hield het zo dicht bij mijn mond dat ik vergat het aan te pakken. Kon nog net de neiging onderdrukken om buiten tegen willekeurige voorbijgangers aan te blaffen.

Kappers

Met kappers houd ik het nooit langer uit dan zo'n jaar of anderhalf, twee, maar dan wordt het de hoogste tijd voor een ander. Het probleem is dat ze na verloop van tijd te amicaal met je zijn geworden. Ze weten te veel van je, niet eens belangwekkende zaken als je geheime seksleven of zo, nee erger, over onbenullige dingen zoals je favoriete voetbalclub, vakantiebestemming of hobby's. Daar vallen ze tot vervelens toe op terug tijdens het knippen. Ik heb een kapper gehad die bij mijn binnenkomst altijd muziek van de Bee Gees had opstaan omdat ik mij ooit had laten ontvallen dat ik die groep wel leuk vond.

Ideaal zou een doofstomme kapper zijn, maar die is moeilijk te vinden. Ik test een kapper altijd uit met de vraag: 'Kunt u me even bijknippen?'

Als hij antwoordt: 'Meneer, ik kan er alleen wat afhalen,' weet ik genoeg en is het wegwezen geblazen.

De doorsneekapper ziet zichzelf niet als een ambachtsman, maar als een artiest. Daarom wordt er ook niet meer over een kapperswinkel of desnoods kapsalon gesproken, maar over een 'haarstudio' of nog erger 'hairstudio', die dan ook naar de laatste mode is ingericht.

Ik herinner mij een kapper uit de jaren zeventig, ene Christiaan. In plaats van stoelen had hij zitzakken tegen de muur van zijn studio geplaatst om je lekker relaxed te laten voelen. In plaats daarvan lag je krampachtig scheefgezakt half in de schoot van een vreemde meneer op je beurt te wachten. Gelukkig is Christiaan met zijn zitzakken naar Amerika geëmigreerd en hebben we nooit meer iets van hem vernomen.

Een kapper weet ook altijd beter wat er met je haar moet gebeuren dan jijzelf. Knippen is bijzaak geworden en daarom vindt er altijd een intakegesprek met de nieuwe kapper plaats over delicate onderwerpen als terugtrekkende haargrenzen, dor, droog, of zelfs dood haar. Af en toe laat hij daarbij onder afkeurend gefluit een pluk van je haar door zijn vingers glijden. En dan komt altijd de onvermijdelijke vraag wie jou in godsnaam voor hem heeft geknipt. En als er dan kan worden overgegaan tot datgene waarvoor je bent gekomen, moet je eerst nog met je hoofd in een onmogelijke stand achterover liggen in een gleuf van de wasbak voor het wassen van je haar, ook al heb je dat net zelf thuis al gedaan.

Als het knippen er eindelijk opzit moet het ergste nog komen. De kapper pakt er een handspiegel bij voor het achterhoofd. Nou vind ik achterhoofden toch al domme dingen, dus om dat van mij nou nog eens met zijn tweeën te bewonderen, vind ik genant. Na wat gedraai met het spiegeltje achter mijn rug, waarbij ik als versteend moet blijven zitten voor de juiste invalshoek, mag ik van de kapper zelf het spiegeltje nog even vasthouden. En dat terwijl ik allang te kennen heb gegeven dat ik het prachtig vind om van het gezeur af te zijn. Ik neem het ding gehoorzaam van hem over, ook al weet ik van tevoren dat ik er het hele interieur van de kapperszaak ondersteboven in zie, maar niet mijn achterhoofd.

'Doe maar... uhh voor jou zestig euro,' zegt mijn nieuwe kapper, alsof hij mij matst. Op naar de volgende kapper.

HENK VAN STRATEN

Vader

Zijn gehuil maakte me wakker. Ik keek op mijn horloge maar kon de wijzers en cijfertjes niet scherp krijgen. Vocht lekte uit mijn traanbuizen. De pijn ging elk referentiekader te buiten. Het was niet alleen hoofdpijn. Het was pijn aan alles. Ik sloot mijn ogen en zag de lege fles rum, een menhir van spijt.

Meer pijn.

Opnieuw keek ik op mijn horloge. Gijs bleef huilen. Harder nu. Het was al tien voor negen. Over tien minuten kwam Lisa hem halen.

Godverdomme.

Opstaan. Ik moest opstaan.

Ik strompelde naar het badkamerkastje, pakte er een doosje pijnstillers uit en liet het stripje uit mijn handen vallen. Ik bukte om het op te rapen en kotste over de vloer. Geel en slijmerig liep het langs de naden van de tegels. Met trillende handen hield ik me vast aan de rand van de wc-pot, mijn vingers in mijn eigen opgedroogde, plakkerige zeik.

Gijs.

Eerst Gijs.

Ik kwam overeind en liep naar de wasbak. Waste mijn handen. Slikte drie pijnstillers en stapte in de kots. Ik veegde mijn voeten af aan een vuile handdoek in de hoek op de vloer en liep naar zijn kamer. Tilde hem op. Aaide hem over zijn rugje. Hij krijste. Zijn gezichtje rood aangelopen, dunne tranen over zijn wangen.

'Ssshht! Ssshht! Stil maar rustig maar stil maar ben maar stil.'

De fles. Hij moest de fles. Nee, eerst moest zijn luier verschoond. Vijf voor negen. Ik had nog vijf minuten. Laat die luier maar. Eerst de fles want dan hield hij vast op met huilen. Hij had gewoon honger. Ik legde hem terug in bed en liep naar de keuken waar ik melk in zijn flesje schonk. Ik zette het flesje in de magnetron en keek om me heen. Misschien kon ik nog snel wat opruimen voordat

De bel.

Nee.

De bel opnieuw.

Nee.

Nee.

Nee.

De magnetron piepte. Ik keek naar de weerspiegeling in het donkere glas en zag een man in het laatste stadium van aids, of kanker, of iets anders dat hem over een traject van jaren had opgevreten en uitgekotst. De bel klonk. De bel klonk opnieuw.

Kom, laat haar binnen. Doe gewoon alsof het allemaal volgens plan verloopt. Dat kan best. Waarom niet? Gijs krijgt wel vaker pas om negen uur zijn fles.

Nee.

Ze zou het aan me zien, aan me ruiken.

Geen keus.

Ik had geen keus.

Met het flesje in mijn hand liep ik naar het lcd-schermpje, drukte op het knopje om haar binnen te laten en zette de voordeur op een kiertje. Even later klonk de *ping* van de lift en kwam ze binnen lopen.

Ik zat met Gijs op de bank. Fles in zijn mond.

Niks aan de hand.

'Goeiemorgen, mama,' zei ik.

Mijn paniekerige handelen eiste nu zijn tol op mijn brakke lichaam. Het was alsof iemand al mijn ingewanden uit mijn lijf had gehaald en er bedorven macaroni voor in de plaats had teruggestopt. Lisa bewoog zich van boven naar beneden en van links naar rechts over mijn netvlies. Ik probeerde haar in focus te krijgen maar het lukte niet. Ze zag me kijken en ze zag de kater, de giftige wanhoop, in mijn ogen.

Eerst zei ze niets.

Toen wel.

'Jezus, Chris.'

Jezus, Chris: een combinatie van woorden die ik vaker had gehoord dan me lief was, maar die nog steeds evenveel schade kon aanrichten.

Eerst wilde ik nog mijn schouders ophalen en doen alsof ik niet wist waar ze het over had, dat ze zich niet zo aan moest stellen, maar ik kon het gebaar simpelweg niet maken. Het was te laat voor pretenties.

Ze wees naar Gijs. Hij had zoveel gepoept dat het onder zijn luier uit kwam. Zelf leek hij het niet erg te vinden en dronk gulzig door. Kneep met zijn kleine handje in mijn kin en maakte zachte smakgeluiden.

'Zijn luier, Chris. Kijk dan toch.'

Een zucht van ergernis dreef tussen mijn lippen door, totaal onterecht, maar het was het enige wat ik wist te doen.

Ze keek de huiskamer rond. Zag de lege fles rum, de volle asbak. Ze schudde haar hoofd.

'Chris... Ik...'

Stilte. Ze vouwde haar armen over elkaar. 'Ik weet gewoon echt niet meer wat ik...'

Ik zweeg en keek in de ogen van mijn zoon. Ogen die me nergens van verdachten. Geen kwaad zagen. Die alleen maar blij waren met het heerlijke flesje melk. Ik wilde huilen. Deed het niet. Ook Lisa leek aangedaan, maar heel even, toen slikte ze het weg.

Toen de fles leeg was nam ze Gijs zwijgend van me over. Ze verschoonde zijn luier en kleedde hem aan.

Ik pakte zijn tas en verzamelde zijn speeltjes. Vouwde zijn kleedje op. De tranen klopten aan, maar opnieuw hield ik ze tegen. De stilte was als een leegte. Alleen de vrolijke kreetjes van Gijs fladderden erdoorheen.

Lisa bewoog kalm en beheerst. Ze was niet boos. Dat maakte me bang. Pas in de deuropening, met Gijs op haar arm en de tas in haar hand, sprak ze.

'Zeg maar dag, pappa.'

*Hij is de enige Vlaming die zo in Oranje kan,
gelooft u me: na vanavond bent u fan van de
onnavolgbare Christophe Vekeman.*

CHRISTOPHE VEKEMAN

Tien tips aan mijn buurmeisje

Het was een zwoele zomeravond en we zaten op de stoep voor onze respectieve deuren en dronken koele witte wijn en misschien lag het aan haar piepjonge leeftijd dat mijn buurmeisje, Isabella, na een klein aantal slokken reeds behoorlijk tipsy bleek. Of misschien was ze wel nuchter toen ze opeens van mij wilde weten of ik dacht dat zij was voorbestemd om een gelukkig liefdesleven te leiden.

'Het hangt er maar van af,' sprak ik wijs, 'of je een goede jongen tegenkomt.'

'Dat had ik zelf ook wel kunnen verzinnen,' reageerde zij, 'maar de vraag blijft uiteraard wat nu precies een goede jongen ís.'

Ik moest toegeven dat zij een punt had, en omdat het lot van jonge deernes in het algemeen en dat van haar in het bijzonder mij bepaald nauw aan het hart ligt, beloofde ik om haar 's anderendaags een lijstje te bezorgen dat, naar ik hoopte, helpen kon om succesvol het kaf van het koren te scheiden. Dat lijstje zag er als volgt uit.

1) Knoop nooit een conversatie — en dus zeker geen relatie — aan met een jongen die tegenover je in de trein voortdurend aan zijn vingers zit te snuffelen terwijl hij

126

een roman of een tijdschrift leest. Hij is een dwangmatige masturbant, voor wie neuken niet meer is dan een veredelde vorm van rukken; de kans is erg groot dat hij in ernst de mening is toegedaan dat het vrouwelijk orgasme tot het rijk der fabels behoort.

2) Mijd jongens die met alle geweld hun bier rechtstreeks uit het flesje wensen te drinken: het zijn latente homoseksuelen. Mutatis mutandis geldt hetzelfde voor jongens die hun cocktail, hun gin-tonic bijvoorbeeld, middels een rietje binnenwaarts zuigen: zij zullen je nooit willen beffen, daar kan je donder op zeggen.

3) Voor geen haar mag je de jongen vertrouwen die het niet kan aanvaarden dat je af en toe óók eens een rondje trakteert: hij is een hoerenloper, en dat zal hij altijd blijven ook.

4) Geef je niet af met jongens die niet drinken: niet alleen spreken zij nooit de waarheid, ze komen ook steevast veel te vroeg klaar.

5) Hoed je voor goede koks: ze zijn vooral geïnteresseerd in je darmen, als je weet wat ik bedoel.

6) Verbreek terstond elk contact met jongens die te kennen geven dat ze graag vader willen worden: ofwel zijn ze hypocriet, ofwel zijn ze pedofiel, ofwel willen ze al dan niet onbewust met hun moeder naar bed.

7) Laat je niet in met jongens die zichzelf als 'gevoelig' typeren, fan van Ozark Henry zijn, zweren bij Franse films, zodra het zonnetje ook maar éven om de hoek komt piepen een beige kniebroek aantrekken, graag en vaak

gaan zwemmen ('wat baantjes gaan trekken'), met hun hand sigarettenrook weg wapperen, geen stamcafé hebben, tussen twee glazen rode wijn in steevast een spuitwater bestellen, dan wel een kopje koffie, in geen tijden bij McDonald's hebben gegeten en/of drie keer per jaar op reis gaan teneinde 'alles weer wat te relativeren': zij hebben een drommels klein pietje.

8) Over kleine pietjes gesproken: het spreekt voor zich dat jongens die er goed uitzien, een interessante, ruim betaalde job uitoefenen, prima gekleed gaan en ondanks dit alles en op de koop toe erg bescheiden zijn, voor dit laatste zo hun reden hebben.

9) Er is geen enkele reden om aan te nemen dat een jongen die zijn haren in een zijstreep gekamd heeft hem langer dan vijftig seconden omhooghouden kan – al pijp je je lippen aan schilfers...

10) Ten slotte hoeft het geen betoog dat jongens die parmantig beweren een gelukkige kindertijd te hebben gehad, en dat zij er zelfs met heimwee aan terugdenken, je zodoende mededelen dat ze je helemaal niet nodig hebben en heel goed zonder jou kunnen: je zal nooit een rol van betekenis spelen, niet in hun leven en niet in hun bed. Het meisje dat zo'n jongen huwt, is gedoemd om zich tot aan haar echtscheiding met 'zus' te laten aanspreken, en ze zal haar man slechts kunnen laten komen door te roepen dat het eten klaar is.

Het is nu enkele dagen geleden dat ik deze lijst in Isabella's bus gestoken heb, maar een reactie harerzijds, een woord van dank bijvoorbeeld, mocht ik tot dusver niet vernemen. Sterker nog, daarnet kwam ik haar tegen, ze

reed me voorbij op de fiets. Ze wuifde kort en stopte niet
— ze scheen er geen ogenblik over te denken, al had ik zelf
dan best zin in een babbel. Maar niet dus, nee hoor, nop-
pes. Volgens mij heeft zij er niets van begrepen.

Haar laatste kans

Ik vind: soms — dat is dus mijn persoonlijke mening — soms moet je de dingen bij hun naam durven noemen, recht voor zijn raap en zonder omwegen. Feiten zijn feiten, een kat is een kat, en Coldplay is een zo mogelijk nog sterker mijn dolle verlangen naar doofheid opwekkende kutgroep dan Radiohead. Ik bedoel maar, laat ons eerlijk zijn, en er voor één keer geen doekjes om winden. Oké? Akkoord?

Vooruit dan. Schatje, je weet dat ik je nooit zou willen kwetsen, integendeel, maar, hoe zal ik het zeggen? Enfin, over de waarheid gesproken... Vat het nu niet persoonlijk op, maar... Ja, kijk, je riekt. Ik zeg het maar gewoon zoals het is: je riekt. Uit je mond. En het is geen prettige geur. Het is nu niet bepaald een geur, wil ik zeggen, waar je helemaal vrolijk van wordt. Heeft nog nooit iemand dat gezegd tegen jou? Alvorens het bewustzijn te verliezen? Nee? Wel, dan ben ik noodgedwongen de eerste. Ik offer mij op en ik zeg je: lieve, lieve schat, je stinkt uit je bek. De mate waarin jij uit je bek stinkt, nee, dat wil je zelf niet ruiken. Er moet daar ergens binnen in jou iets volledig niet in orde zijn. En het ergste is nog: het went niet. Ik had gehoopt dat het zou wennen, maar nee hoor, het lijkt alleen maar erger te worden. In vergelijking met wat jij dag en nacht uitwasemt is een al jaren geleden gestorven geitenkaasje op een zonovergoten bedje van in maagsappen gemarineerde strontworst van een zwaarlijvige Duvel-drinker waarlijk een feest voor de neus. Ik spreek vrijuit, je merkt het. Iemand moet het doen. Ik vertel je dit, ik durf je dit te vertellen in de wetenschap dat je mij niets kwalijk zult nemen, maar mij integendeel dankbaar moet zijn, zoals je uiteraard ook zelf beseft. Ik doe dit voor je bestwil.

Als jij 's zomers in de tuin zit, en je geeuwt, dan sluiten alle buren hun ramen. Fervente niet-rokers steken een sigaar op als jij aan het woord bent. In nachtelijke sneeuwlandschappen, terwijl jij je ter verwarming in de handen blaast, gaan mensen ertoe over te doen alsof zij zichzelf koelte toewuiven. En dan durf jij mij nog te verwijten dat ik het altijd op zijn hondjes wil doen! Het is werkelijk niet te verdragen. Is het je dan echt nog nimmer opgevallen dat in de praktijk van alledag niemand ooit een tweede vraag aan je stelt? Nee, zeg maar niets. Zonder gekheid, lieveling: jij bent geen vrouw, jij bent een open riool. En rechtuit gezegd: ik zie niet meteen een oplossing. Ik bedoel, alle kauwgum van de wereld zal mijns inziens niet volstaan om zelfs maar de állerscherpste kantjes bij te vijlen van het leed dat jij, alleen al door te ademen, je medemens voortdurend berokkent. En mondspray? Misschien insecticide...

Kortom, je zal, mag ik hopen, nu eindelijk wel gaan begrijpen hoe ronduit ironisch het is, in het licht dus van jouw adem, dat ik het nu al, zo zoetjesaan inderdaad tot vervelens toe, verschillende keren heb moeten vragen, telkens zonder het gewenste resultaat dan nog. Daarom, hou heel goed rekening, alsjeblieft, met wat ik je zonet heb verteld, en denk ernstig na, anders dus dan de vorige keren, voordat je mij antwoordt, want dit is, ik zweer het, je laatste kans.

Liefje, wil je met mij trouwen?

Hij schreef al eerder prachtige popverhalen over Jacques Herb, Peter Pan Speedrock en bewijst het nu weer met het levensverhaal van Denvis: Leon Verdonschot is de beste popjournalist van Nederland.

LEON VERDONSCHOT

Denvis en Richard

Met niemand heeft Denvis zoveel meegemaakt als met Richard.

Met niemand heeft hij zoveel gelachen als met Richard.

Met niemand heeft hij zo vaak ruzie gehad als met Richard.

En het ook weer bijgelegd.

Op dit moment is hun vriendschap bekoeld. Niet omdat Richard in een depressie zit — het is zijn zoveelste. Ook niet omdat hij de uitgestoken handen van zijn vrienden niet waardeert, zelfs niet eens lijkt op te merken — dat heeft hij nooit gedaan. Ook niet omdat hij aan de grond zit in ieder opzicht: zijn relatie is uit, zijn nieuwe band komt niet van de grond, zijn geld is op. Dat voedt weliswaar zijn cynisme, maar dat is toch al altijd alom aanwezig. Niemand kan zo goed de klootzak uithangen als Richard. En niemand kan hem dan afremmen. Denvis in ieder geval niet. Richard lijkt het zelf niet eens te kunnen.

Tegelijk is Denvis zijn oudste en zijn beste vriend.

Dat tweede ongetwijfeld dankzij dat eerste, want zo gaan die dingen: je bouwt gezamenlijke herinneringen op, en voor je het weet is er weer een decennium voorbij en heb je meer samen dan alleen meegemaakt. Neem dan nog maar 's afscheid van elkaar.

Bovendien, relaties maak je uit, maar hoe beëindig je een mannenvriendschap?

Die beëindig je niet. Hoogstens verwatert die.

Ontelbare mensen had Richard beledigd in al die jaren. En meer dan dat. Gekrenkt, vernederd, in tranen doen uitbarsten, tot razernij gedreven. Niemand was daar zo goed in als hij. Zoals water het laagste punt vindt, zo vond Richard ieders zwakke plek. Feilloos. En dan begon hij te sarren, te jennen, te zuigen. Richard drukte zijn vinger in elke wond, en ging door tot lang na de laatste druppel etter.

Veel van die mensen hadden Denvis gevraagd waarom Richard zijn vriend was.

Niet neutraal, nieuwsgierig, maar verontwaardigd, met de tranen van verdriet of woede nog in hun ogen. Hoe hij het toch uithield met hem, en waarom een mens dat zou willen.

Richard houdt het ook uit met mij, zei Denvis dan.

En soms voegde hij eraan toe dat hij de steller van die vraag nu dankzij Richard toch maar mooi van een heel andere kant had leren kennen.

Dan lachten ze altijd zuinig en wat zuur, alsof Denvis zich er met een grapje vanaf had gemaakt. Maar het waren geen grappen. Geen betere zeef dan Richard: wie zichzelf te serieus nam, viel in zijn aanwezigheid meteen door de mand.

Denvis hoorde ze nog naloeien in zijn hoofd, de organisatoren van het Tibetfestival waar Richard de kleedkamer had beklad met tekeningen van Mao. Omdat hij het niet trok, dat serene gedoe, dat gedweep met die laf naar India gevluchte quasi-filosoof, dat vrijblijvende sfeertje van 'bewustwording'...

Tibet was hip, zoals Zuid-Afrika dat ooit was en het milieu daarna, daarom waren al die mensen hier bij elkaar om een dag de anti-Chinees te acteren in hun 'made in China'-kleding. Zo zag Richard dat, en dit is wat hij ermee deed. En als ze hem dan vroegen wat hij zelf uitvoerde voor een betere wereld, dan zei hij: 'Helemaal niks. Net als jij. Alleen hang ik niet de heilige uit.'

Richard was verbaal vrijwel iedereen de baas, al was het maar omdat hij er niet voor terugschrok onder de gordel te schoppen. Sterker, daar begon hij meestal. Ook bij Denvis.

Van al Denvis' vriendschappen waren er weinig gelijkwaardig. Als het erop neerkwam, walste hij over anderen heen, ook over vrienden. En Richard, die walste over Denvis heen.

Maar alleen al de talloze keren dat ze samen rijk hadden moeten worden. Als ze duizend euro hadden gekregen voor elke poging definitief binnen te lopen, waren ze alsnog binnengelopen.

Ze hadden hun eigen homo-erotische fotostrip bedacht en gemaakt: 'Malerische Liebe'. De hoofdrolspelers heetten Denvis en Richie en droegen korte broeken en strakke shirtjes. Denvis vroeg aan Richie: 'Darf ik mein Pinsel in dein Topf stecken?'

Richie vroeg: 'Wie meinst du, Seemann?'

Uiteindelijk haalde Richie Denvis' lul uit zijn broek, terwijl die hem aanmoedigde: 'Genau, Knabe.'

Richie riep bewonderend uit: 'Ein Pinsel? Dat is ein

Farbroller!' En hij smeekte: 'Steck dein U-boot in meine Blechtrommel, bitte.'

Dat deed Denvis, terwijl hij 'Arbeit macht frei!' uitriep.

Op het laatste plaatje keken ze samen in de camera met hun gezicht en ontblote bovenlijf vol melk, terwijl de aftiteling meldde: 'Und milch schmeckt ganz gut nach die arbeit!'

Want dat was het uiteindelijk: reclame voor melk.

En ze bedachten de tv-serie *Matje en Huub*, die begon met twee jongens die in een Ford Capri naar het pand van BNN reden terwijl ze twee oude vrouwen op een fiets passeerden.

Matje zei dan: 'Lelijke lesfietsen. En ik zal nog 's opkijke als ze bij die BNN nie barste van de cente, dus maakt oe borst maar nat, Huub, want daar zullen we dan es mooi mee meehelpen, met die cente, witte nie.'

Bij BNN aangekomen worden ze welkom geheten door een kleine jongen. Matje roept: 'Eeh, kleine, ga de baas eens halen!'

De kleine blijkt Bart de Graaff, de baas van BNN. Huub en Matje zijn uit op zijn geld.

Hoe Denvis het voor elkaar kreeg, het bleef Richard verbazen – of eigenlijk ook niet, want hij maakte het al jaren mee en het kwam vooral neer op doordrammen tot de andere partij zwichtte – maar hij wist BNN te enthousiasmeren voor de serie. En niet alleen dat, ze gaven Denvis ook een voorschot. Denvis kon er maar niet over uit: met twee jongens bij een omroep binnenlopen met een plan over een serie over twee jongens die bij een omroep binnenlopen om al hun geld op te maken, en daar geld voor krijgen. Hoe hoog dat precies was, daar deed Denvis altijd wat vaag over, maar tienduizenden guldens waren het zeker, en Denvis liep opeens met veel cashgeld rond en liep geen meter meer zonder een taxi te bestellen. Denvis was goed in binnenhalen en opzetten, maar niet in vasthouden, wist Richard, dus dat het voorschot snel op zou raken en niet grotendeels aan de serie, dat had hij wel verwacht. Maar toen ze voor een van de afleveringen van Matje en Huub opnamen in de Apenheul maakten en Denvis arriveerde met alleen maar een apenhandschoen in plaats van het apenpak uit het script, had Richard het vermoeden dat het geld al op was. Dat klopte. En de serie werd nooit uitgezonden. Het was alsof ze zelf eigenlijk ook nooit hadden verwacht dat zoiets doorging, maar er juist daarom zo van genoten dat het toch even goed ging, wat de betalende partij dan aanzag voor het ontspannen zelfvertrouwen van de ware prof.

Hun vriendschap was explosief en emotioneel. Ze hadden stoelen op elkaars hoofd kapotgeslagen, Richard had ooit zijn hand op Denvis' hoofd gebroken, en een uur later hadden ze elkaar weer omhelsd. Het was de vriendschap van de grote emoties. Denvis vond dat Richard hem geregeld niet serieus nam, afkraakte, tekortdeed. Richard vond dat Denvis hem inzette als een pion in dat grote plan van hem, dat uiteindelijk draaide om niemand anders dan hem zelf.

Denvis vond dat Richard altijd met iedereen ruzie kreeg, Richard vond dat Denvis altijd met iedereen ruzie kreeg. Daar kregen ze dan ruzie over, zodat ze allebei hun gelijk haalden.

Denvis vond Richard een muziekpurist die mensen volledig kon afschrijven omdat ze de verkeerde plaat van Iron Maiden de meest cruciale vonden, Richard vond Denvis een muzikale allemansvriend, de enige muzikant die hij kende bovendien die in de auto zijn eigen muziek draaide en meezong, en nog beledigd was ook wanneer anderen erdoorheen praatten.

Ze konden elkaar haten, haten zoals zelfs echtparen dat na jaren niet kunnen, hun vriendschap opzeggen in een woordenstroom die alleen maar bestond uit openstaande rekeningen, ruzies maken die anderen in een kring om hen heen achteruit deden wijken, oorlogen van ruzies, waar de vonken vanaf vlogen, ruzies die eindigden in tranen, ruzies die je alleen maar hebt met mensen van wie je van houdt en van wie je nooit meer afkomt, en die eindigden in liederlijke odes aan die liefde, pathetische odes om samen in te verzuipen.

Dan proostten ze op hun vriendschap, op elkaar, Denvis op het feit dat er ondanks alles maar één Richard was, Richard op het feit dat er ondanks alles maar één Denvis was, en zij samen op het feit dat dat maar goed was ook.

ROBERT VUIJSJE

Bestseller

Wat er dus gebeurt wanneer je debuutroman een zogenaamde bestseller wordt.

Je wordt naar aanleiding van de inhoud van de roman
door witte mevrouwen beschuldigd van discriminatie
tegen blanke mensen. Zwarte mevrouwen beschuldigen
je van het schrijven van een boek tegen zwarte mensen.
Andere zwarte mevrouwen vereenzelvigen de voorkeur
van de hoofdrolspeler uit het boek met jouw eigen voorkeur. Ze benaderen je via internet met de volgende boodschap: 'Ik heb een hele mooie dikke bil. Als je mijn bil
hebt gezien, wil je nooit meer een andere.' Helaas kun je
op die verzoeken niet ingaan. Je hebt al verkering met een
mevrouw die de mooiste bil aller tijden heeft.

Je wordt een soort publiek figuur. Vreemden houden je
aan op straat om te vertellen dat ze 'achter je staan' – of
juist niet. Op verjaardagen komen mensen zeggen dat je
vast geen zin hebt om weer over je boek te praten, maar
dat ze er toch even snel iets over willen vragen. Na die
korte vraag blijven ze nog anderhalf uur naast je staan. Op
internet schrijven mensen dat ze je boek stom vinden, en

zonder diepgang, ze snappen niet waarom iedereen zich zo druk maakt over zoiets insignificants, hebben al die mensen niets beters te doen? Meestal is dat een reactie die is 'gepost' op dinsdag om 03.48 uur in de ochtend.

Je bent te laat voor een directe uitzending op Radio 1 bij Arie Boomsma en Tijs van den Brink en rijdt onderweg je oude Chrysler in de prak. Een week later koop je een Cadillac Seville. Je besluit dat je vanaf nu een Cadillac-rijder bent. Al kan het ook dat je volgend jaar weer een fietsenrijder bent, je weet nooit hoe het loopt.

Je bouwt een gigantische collectie vieze rode wijn op. Dat is het standaard presentje bij televisie-uitzendingen en andere publieke optredens. De flessen staan in dozen vol bij je thuis. En je houdt niet eens van vieze rode wijn.

Je wordt 'geconfronteerd' door kennissen en familie-leden. Als ze zichzelf herkennen in een personage uit de roman zijn ze boos. Ze vragen waarom je ze zo belachelijk moest maken. Als ze zich niet herkennen in een personage uit de roman zijn ze nog veel bozer. Ze vragen: waarom sta ik niet in dat boekje van je, ben ik niet interessant genoeg?

Je wilde je hele leven al een debuutroman schrijven die, als het even kon, een zogenaamde bestseller zou worden. Het was een soort 'doel' waar je 'naartoe werkte'. Nu dat doel is bereikt, sta je anders in het leven. Alleen kun je niet onder woorden brengen hoe je precies anders in het leven staat.

Je bent iemand die van nature, laten we zeggen, 'ver-legen' is. Je bent niet de man die overal waar hij binnen-komt direct het hoogste woord voert. Je bent meer de man die rustig rondkijkt en er daarna iets over gaat opschrij-ven. Als schrijver van een zogenaamde bestseller word je ineens geacht goed uit je woorden te komen in aanwezig-heid van grote groepen mensen en televisiecamera's en radiomicrofoons. Het is een hele belevenis.

Je moet voor het eerst in je leven 'dealen', zoals dat tegenwoordig heet, met mensen die jaloers op je zijn en meningen over je hebben. Voordat je een zogenaamde bestseller schreef, was er niets in jouw professionele leven waar iemand jaloers op zou zijn en bestonden er geen meningen over je.

Een debuutroman gaat, kortom, niet over rozen. Wel gaat een debuutroman die een zogenaamde bestseller wordt soms over joden die lijken op Marokkanen en daardoor in grote verwarring raken en op zoek gaan naar voluptueuze zwarte vrouwen met een ketting om de nek waaraan in mooie gouden krulletters hun naam hangt, ze zoeken zo'n vrouw omdat ze een bloedhekel hebben gekregen aan de aanstellerige elitaire mensen tussen wie ze zijn opgegroeid, en het verhaal is misschien wel bedoeld als een zogenaamde metafoor over de verwarring die Nederland in 2009 voelt over 'de multiculturele samenleving', alleen is die verwarring zo groot dat het verhaal niet wordt geïnterpreteerd als een metafoor uit een roman, maar als een wetenschappelijk onderzoek of een politiek pamflet of – stop.

TOMMY WIERINGA

Worst

Naastenliefde is een nuttig ding op de camping. Er zijn altijd anderen. Soms dragen ze een wc-rol met zich mee.

Als je niet van je medemens houdt, als zelfs het woord 'medemens' klinkt als een onverdraaglijke intimiteit, moet je hem willen onderzoeken. Onderzoek is een effectieve omvormer van misantropie.

Ecce homo. Zie je hem niet dan hoor je hem wel. Hij zet een caravan voor je neus met een koelelement op het dak om de binnenruimte te koelen – het motortje dreunt je gedachten binnen. Verder weg maakt een troepje hard-rockduitsers kwartier. Uit de autoboxen komt het geluid van een honderdvoudig versterkte marteling: de zanger klinkt alsof hij niet was voorbereid op de diepere genoegens van de herenliefde.

De camping is de uitvoering van een gemeenschappelijk ideaal: samenleven in de buitenlucht. We kijken naar het ene territorium dat zich krachtig verdedigt tegen het andere. Soms kiest iemand de aanval. Elektrisch versterkt geluid is een effectief wapen om het territorium van de tegenstander te penetreren. De auto parkeren als verdedigingsmuur of de kano zo neerleggen dat de ander er moeilijk langs kan, behoort tot het beproefde instrumentarium.

De tijdelijke gemeenschappen van de camping tonen aan dat de menselijke samenleving het resultaat is van strijd, compromis en uiteindelijk nederlaag. De nederlaag bestaat eruit dat hij er altijd zal zijn, de ander, tenzij je hem uit de weg ruimt.

De Roemeens-Franse filosoof Emil Cioran had zulke dromen. *Hoe zou het ook anders kunnen zijn*, schreef hij, *op een planeet waar het vlees zich verbreidt met de schaamteloosheid van een natuurramp? Waarheen je je ook wendt, overal bots je op iets menselijks — een weerzinwekkende alomtegenwoordigheid die je verbijstert en opstandig maakt, die je in een laaiende versuffing stort.*

Dat is één. Uitgeput door het temperament van de haat, opent zich de mogelijkheid van ontroering. Je bent verzwakt, de afweermechanismen haperen. Dat is het moment dat het *samenleven* begint.

In de schemering verzamelen de vijanden van de dag zich voor sportieve activiteiten. Het terrein rondom het volleybalnet is neutraal, het volleybalveld is Zwitserland. De buurman biedt je een zelfgebraden worst aan. Worst is vrede. Hij heeft je zojuist 'buurman' genoemd, de weg terug is nu afgesloten.

Je begrijpt niet hoe je deze ongevaarlijke burger zo hebt kunnen haten. Deze weerloze worstenbakker met zijn gekoelde caravan. Die je, terwijl je eet, aankijkt met een trots alsof hij zojuist een plan heeft ontvouwd om met olifanten de Alpen over te trekken om Rome te vernietigen.

Over het pad achter hem trekken de tentmensen voorbij, zij die kruipend leven op een ander veldje. Ze zijn onderweg naar de washokken om toilet te maken voor de nacht, in hun zakken rinkelen muntjes voor warm water.

Na de worst trek je je terug in het eigen territorium, het gal van de capitulatie op je lippen. 'Morgen weer een dag, buurman', zegt de buurman tegen je rug. Morgen weer een dag.

TOMMY WIERINGA

Romein

In de bibliotheek van het instituut zit een jongeman met wollig blond haar, hij leest *de Volkskrant* op internet (zo weet ik dat hij Nederlander is). De ramen geven uitzicht op de heuvels van Toscane, de blauwe glans van olijfboomgaarden, het verliefde landschap. De jongen kamt met stijve vingers door zijn haren. Telkens als hij dat gedaan heeft kijkt hij naar zijn handen en veegt over het tafelblad. Ik ken die routine. Zijn jeugd staat op het punt hem te verlaten, het is de herfst van zijn hoofdhuid, niet lang meer en hij is geen blonde jongen meer maar een kale man. Waar het leven een onophoudelijke aanwas leek te beloven, de schittering van almaar meer, zijn dit de eerste tekenen van een reductie die niet meer zal ophouden, zijn metgezel tot de laatste dag.

In de universiteitsbibliotheek van Groningen heb ik een paar gebogen jaren doorgebracht. Tussen de boekenkasten, starend in *A History of the Modern World*. Eric R. Wolf, *Europe and the People without History*, Ankersmits *Denken over geschiedenis*. O, de slaapliedjes die onophoudelijk uit deze boeken opklonken! De papieren scheepjes van mijn gedachten die overal heenvoeren behalve naar de havens van het begrip!

In de bibliotheek leed ik aan een dwanghandeling waarvan de betekenis maar langzaam tot me doordrong. Vaak, steeds vaker, blies ik over de pagina's. Een korte, gerichte ademstoot waarmee ik de haren wegblies die van mijn hoofd naar het papier dwarrelden. De schok toen ik begreep dat ik, gebogen dromend, zelf vergrijsde tot geschiedenis! Dat ik verdomme kaal zat te worden terwijl prins Eugen zegevierend over de slagvelden trok! De roodbloedige maarschalk Ney, vier paarden verspeelde hij in één gevecht terwijl ik mijn haren telde...

Het duurde nog lang voordat ik mijn nederlaag erkende en me liet uitschrijven bij de universiteit. Ik kreeg een vriendin met benen tot in de hemel, werkte als afwasser in een restaurant en begon te schrijven aan een roman. Nog eenmaal ging ik naar de kapper in de A-kerkstraat. Een bopkapsel wilde ik. Dat zei ik tegen de kapper, een bopkapsel. Die keek op mijn kruin en zei: 'Hier valt weinig meer te boppen, meneer.'

(Dit verhaaltje ben ik later pas grappig gaan vinden, toen het verdriet gesleten was. Ik vertel het weleens als me wordt gevraagd waarom ik mijn hoofd scheer. Onlangs bleek er een fout in het verhaal te schuilen: iemand zei dat een bopkapsel alleen voor meisjes was. Ik bleek al die jaren een *crew cut* bedoeld te hebben, de haardracht van soldaten. Hoe ik me destijds zo heb kunnen vergissen is een raadsel, maar de anekdote vertel ik nog altijd alsof ik van niets weet.)

Er is ook een vervolg.

'Bij een echte Romein zal de schedellijn zichtbaar zijn', zei ik tegen de kapper. Hij knikte en ging aan het werk. Huid voor haren, Samson die zijn kracht verliest. Nog eenmaal zag ik mijn haren vallen, nestmateriaal rond de metalen poot van de stoel. De kapper schoor alles af en wreef de naakte huid in met een verzachtende lotion. We keken samen in de spiegel.

'U bent niet kaal, u bent een Romein', zei de kapper.

Dat wil ik de ruiende jongeman in de bibliotheek van San Domenico vertellen, dat het lijden ophoudt als je de ijdelheid bij de wortel uitroeit – de vreugde van het blinkende scheermes, de handpalm vol scheerzeep die zacht knappende geluidjes maakt bij je oren. Maar ik zeg niks, hij neust zo rustig in *de Volkskrant* en wil misschien niet weten dat ik meelees met zijn verlies.

> *Hij schreef op jonge leeftijd over coke, drank,*
> *stappen, hoeren en overspel, maar groeide met*
> *het vorderen der jaren uit tot de man die zijn*
> *mening in essays, bloemlezingen, pamfletten*
> *en praatprogramma's verkondigt, of het nu*
> *de dubbele moraal van links-Nederland of de*
> *culturele betekenis van Deep Throat betreft.*
> *Hier is Joost Zwagerman.*

JOOST ZWAGERMAN

Halte Wibautstraat te koop

'Klein commercieel vastgoed' vormt voor mij net zo'n exotische woordcombinatie als 'groot commercieel vastgoed', en het zal voor kenners en cracks vast een verkeerde associatie zijn, maar bij dat 'kleine commerciële vastgoed' moet ik onvermijdelijk terugdenken aan die keer dat mijn lief en ik, nu alweer twaalf jaar geleden, een huis wilden kopen en aldus kennismaakten met 'de Amsterdamse woningmarkt'.

Op een dag belde onze makelaar – een dertiger met overgewicht die zo'n hekel had aan traplopen dat wij sommige delen van het huis maar zonder hem moesten bekijken – ons net-niet-jubelend op. Hij had voor ons een benedenhuis 'in de aanbieding' dat nog niet bij Funda was aangemeld. Dus wij kregen de kans de hordes te ontlopen.

Het benedenhuis stond in Amsterdam-Zuid en was bewoond geweest door ene meneer Van Rhijn, een architect die ooit de metrostations had ontworpen. De kinderen Van Rhijn deden nu het huis van hun overleden vader in de verkoop. Bij bezichting bleek dat Van Rhijn sr. zijn eigen huis ook had omgebouwd tot metrostation. De woning dateerde uit 1912, maar alle zogenaamd authentieke details gingen schuil achter grote platen van witgeverfd hardhout. Suitedeuren, schouwen, ornamentele plafonds waren meedogenloos betimmerd en beplakt met die platen. Onze makelaar zag direct onze teleurstelling en sprak toen de in makelaarskringen magische woorden: 'Je moet er natuurlijk wel even doorheen kijken.'

'Waar doorheen?' vroeg ik. 'Achter die platen kan alleen maar oermuur zitten. Toch?'

Dat zag ik nou helemaal verkeerd. De verkopende makelaar begon een lange uiteenzetting over 'ingrepen met respect voor de authentieke details'. Het kwam erop neer dat die witte platen hardhout waren bevestigd zonder dat het originele stuc- en houtwerk en de schouwen waren aangetast of beschadigd. Ik waande mij toch echt in halte Wibautstraat maar probeerde oprecht de instructie van onze makelaar op te volgen en trok een gezicht dat moest uitbeelden dat ik als een soort halve profeet 'door de platen heen' keek. Mijn lief deed hetzelfde. En zo, als twee paranormaal begaafde houtstaarders, raakten wij alsnog onder de indruk van het huis en deden een week later ons eerste bod.

Na het derde bod waren wij plotseling huiseigenaar. Wij waren blij maar, onervaren met de wereld van aannemers en renovatie, schrokken we ons een hoedje. Nu kwam het erop aan een aannemer te vinden die kon (laten) demonteren waar wij al die tijd doorheen hadden gekeken. Die aannemer ging aan de slag, en al snel legden zijn werknemers volstrekt gehavende stukken oermuur bloot waar in de verste verte geen schouwen, suitedeuren of sierplafonds in te ontdekken waren. Pa had de metro ontworpen, de kindertjes hadden twee aspirant-kopers bedrogen. Wij hadden door die platen, en zíj door onze aanvankelijke aarzelingen heen gekeken. Uiteindelijk, na maanden van herbouw en renovatie, begon ons huis in de verte ook echt te lijken op een huis. Maar nog steeds, twaalf jaar later, bevinden zich in onze woning kleine restjes metrostation. Dat heeft één groot voordeel: ook nu het niet meer direct nodig is, kunnen wij op ieder moment van de dag aan mensen die bij ons op visite komen laten zien hoe je succesvol en overtuigend ergens doorheen kan kijken.

Standje strijkplank

Iemand omschreef *Ik Jan Cremer 3* als 'een zoektocht naar de ideale vrouw'. Zozo. Stel dat dit waar is – godallemachtig, wat heeft die zoektocht dan een duizelingwekkend aantal hindernissen gekend, hindernissen in de zich tot in het oneindige opdelende vorm van Russische vrouwen, Joegoslavische vrouwen, Italiaanse vrouwen, Zweedse vrouwen, Franse vrouwen, Volendamse vrouwen, Roemeense vrouwen, New Yorkse vrouwen, geëmigreerde vrouwen en honkvaste vrouwen, forse vrouwen, frêle vrouwen, fijne vrouwen, stille vrouwen, robuuste vrouwen, stikjaloerse vrouwen, getemde vrouwen, getrainde vrouwen, getrimde vrouwen, getinte vrouwen, lichtgetinte vrouwen, nauwelijks getinte vrouwen, opvallend getinte vrouwen, subtiel getinte vrouwen, bijna onzichtbaar getinte vrouwen, zwaar getinte vrouwen en niet te vergeten de ongecompliceerde en rechttoe rechtaan zwarte vrouwen, maar ook blonde vrouwen, lichtblonde vrouwen, helblonde vrouwen, hoogblonde vrouwen, onnatuurlijk blonde vrouwen, goedlachse blonde vrouwen, verwende blonde vrouwen, van onderen delicaat en deels geschoren blonde vrouwen, geheel van onderen geschoren blonde vrouwen, kortharige blonde vrouwen met van onderen een toefje als de kuif van een fuut, maar niet te vergeten natuurlijk ook de lekker royaal van onder geheel *óngeschoren* blonde vrouwen, onder te verdelen in de blonde vrouwen met bijpassend blond schaamhaar, met lichtblond schaamhaar, met donkerblond schaamhaar, met net niet donker- en net niet lichtblond maar er grappig genoeg net tussenin-soort schaamhaar, met opbollend schaamhaar, met welvend schaamhaar, met verlegen naar binnen krullend schaamhaar, met brutaal uitwolkend schaamhaar, met stoppelig en dus voor de bezoekende partij lekker aan de schacht prikkend schaamhaar, met zacht en ballerina-achtig schaamhaar, met wildwoelend schaamhaar, met rossig schaamhaar, met geinig schaamhaar, met schaamhaar dat de schaamlippen verbergt maar ook met schaamhaar te midden waarvan de schaamlippen juist feestelijk uitstulpen – en over feest gesproken, al die vrouwen kun je statistisch ook weer rangschikken onder de sub-sub-sub-categorieën van de exemplaren met doezelige schaamlippen, met vrolijk-dikke schaamlippen, met Japanse mikado-schaamlippen, met huiselijk opengestelde schaamlippen, met roodgloeiende schaamlippen, schaamlippen die veel zijn gebruikt en aanvoelen als gelooid leer, kieskeurig gevouwen schaamlippen, vrouwen met – onmiskenbaar een favoriet van onze held – forse en extra large oftewel oversized schaamlippen, schaamlippen met bovenin een clitoris als van een hyena, vrouwen met gladdig natte schaamlippen of juist rulle en roomvochtige schaamlippen, maar ook met schaamlippen die de eigenares graag zelf spreidt voor onze held of met schaamlippen die zich het liefste door de bezoeker laten openpellen, waarna de bezoeker er zijn Ik Jan Cremer *8 inches or more* behoedzaam en subtiel of – en dat gebeurt vele malen vaker in *Ik Jan Cremer 3* – gelijk in een moeite door keihard en met de noordenwind erin kan jetsen – kortom, die zoektocht naar de ideale vrouw, die houdt wat in, lieve mensen.

Bij al die categorieën en sub-sub-sub-subcategorieën vrouwen ben ik aan één belangrijke categorie nog niet toegekomen, en dat zijn de beroemde vrouwen. En de beroemdste aller vrouwen die volhardend en obsessief achter Jan Cremer aan zat was natuurlijk Jayne Mansfield.

Op een dag, ze logeren weer eens in een luxueus hotel, vraagt Jayne aan Jan: 'Heb jij het weleens op een strijkplank gedaan?' Cremer vertelt niet wat hij haar antwoordt maar in *Ik Jan Cremer 3* schrijft hij wél: 'Ik kon dat niet beamen. Wel op paarden, rijdend en stilstaand, in liften, auto's, boten en vliegtuigen, op bioscoopstoelen, in bedden, op banken en divans, op kale vloeren en dikke tapijten, in telefooncellen, in bossen, op straat, in de trein, op hooizolders, in stallen, in kruiwagens, achter in de bus en in badkamers en toiletten – dat wel, maar nooit op een strijkplank.'

Ik weet niet hoe het met u zit, maar bij mij bleef de blik vooral haken bij 'in kruiwagens', waarbij ik me afvroeg wie van de twee, man of vrouw, dan in die kruiwagen zou zitten of liggen en verder of die kruiwagen dan door een van beide flipstanders op-de-plaats-rust werd gehouden of dat de kruiwagen door een van beiden bij de handvaten moest worden genomen om zo al lopend datgene te verrichten wat Jayne Mansfield dus op de strijkplank wilde uitvoeren. Maar vooral stond ik even stil bij de zinsnede 'op paarden, rijdend en stilstaand'. Godallemachtig. Even voor de mannen onder ons het volgende: er zijn ingrijpende en schier onmogelijke verrichtingen die wij, eenvoudige schoenlappers, niet meer hoeven te doen en ook niet hoeven te proberen of er zelfs maar over hoeven te fantaseren, omdat Jan Cremer alles al heeft klaargespeeld waar wij schoenlappers ongetwijfeld een levenslange whiplash van zouden hebben opgelopen. Zo denk ik er tenminste over als ik vanaf nu paarden zie stilstaan of paarden zie draven. Daarop hoeft het dus niet meer te worden uitgevoerd, Jan heeft dat namens het mannelijk deel van de mensheid al voor ons gedaan, waarvoor hartelijk dank.

Terug naar de strijkplank. Jan Cremer beschrijft hoe Jayne Mansfield op die plank plaatsnam, die vervolgens onder haar gewicht kraakte en iets doorboog, en hoe het een kwestie was van schier bovenmenselijke acrobatiek en evenwichtskunst. 'Het duurde even, maar toen had ik de slag te pakken.' En: 'Elk moment kon de plank dichtklappen onder het heen en weer deinende lichaam met de zacht schommelende borsten.' Bij het lezen van de passage schiet de verplichte zin te binnen aan het einde van iedere aflevering van de serie Jackass: *Don't Try This At Home*. Een advies dat maar door één man niet hoeft te worden opgevolgd. Want hoe eindigde de strijkplank-escapade? Zo: '"Hier krijg ik nou een kick van," hijgde Jayne. "Ik hou van gevaar. We doen dit voortaan iedere dag, oké?"'

'Don't Try This At Home' is ook de slagzin die je te binnen schiet als Jan Cremer tips en adviezen aan de lezer geeft zodra het gaat over het beminnen en betreden van juist die beroemde vrouwen. 'Hoe is dat nou?' werd Cremer vaak gevraagd. Het antwoord is te lezen in *Ik Jan Cremer 3*. Heel gewoon, is kort gezegd het antwoord. Eigenlijk net als met alle andere vrouwen. En Cremer eindigt met een aantal praktische adviezen, onder meer: 'Wil je anaal, ga je anaal. Wil ze dat niet, doe je het niet. Wil je het toch proberen, dan doe je het toch.' En dan deze tip: 'Als een meisje de toppen van middelvinger en duim bij elkaar bracht kon je de grootte van haar opening meten, had ik in de fotostudio geleerd. Dat gold als maatstaf om de dikte van de dildo te bepalen.' Wie zei er dat je van literatuur nooit praktische kennis opsteekt?

'Oger en ik' van Hans van der Beek is een fragment uit *Mijn vrouw heet Petra*, Nijgh & Van Ditmar 2008.

Het verhaal 'Mister Chocotoff' van Bart Chabot is afkomstig uit de bundel *Schiphol Blues*, De Bezige Bij 2009.

'Magnetiseur' van Nico Dijkshoorn is een fragment uit *De tranen van Kuif den Dolder*, Nieuw Amsterdam Uitgevers 2009.

De verhalen 'Jurk' en 'Trampoline' van Ronald Giphart staan in *Mijn vrouw en andere stukken*, Uitgeverij Podium 2009.

Het verhaal 'Gelegenheidsfeministe' van Renske de Greef was eerder te lezen in *Playboy*.

'Nectar' van A.F.Th. van der Heijden stond oorspronkelijk als column in *Het Parool*.

'Vind je mij opwindend?' van Tjitske Jansen komt uit de gelijknamige bundel theaterteksten, Stichting Buitenkunst 2005. *Koerikoeloem*, waaruit fragmenten zijn opgenomen, verscheen in 2007 bij Uitgeverij Podium.

'De katapult' van Niccolò Ammaniti is een fragment uit *Ik haal je op, ik neem je mee*, Lebowksi 2008.

'Boer op de weg' van Wilfried de Jong is afkomstig uit *De man en zijn fiets*, Uitgeverij Podium 2009.

'Happy hour bij Perry Sport', 'Naar Artis' en 'Signeren' van Kluun waren eerder te lezen op www.kluun.nl.

'Bekentenissen van een oudejaarscabaretier' van Herman Koch is eerder gepubliceerd in *Propria Cures*.

'Ome Cor' en 'Nog maar even' van Andy Marcelissen zijn opgenomen in de bundel *Ik hoor erbij*, Jodium 2009.

De verhalen 'Nordic walking' en 'Schuren' van Saskia Noort waren eerder te lezen in *LINDA*.

'Nissan' van Elvis Peeters is het openingshoofdstuk uit de roman *Wij*, Uitgeverij Podium 2009.

'De hoer' van Elle van Rijn is een fragment uit *De hartbewaakster*, Uitgeverij Contact 2008.

Het gedicht 'Ode aan Lidl' van Alexis de Roode is afkomstig uit de bundel *Stad en Land*, Uitgeverij Podium 2008.

De verhalen 'Liefdesstratego' en 'Toiletboek' van Susan Smit waren oorspronkelijk te lezen in respectievelijk *JFK* en *BOEK*.

'Vader' van Henk van Straten is een fragment uit *Kleine Stinkerd*, Lebowksi 2009.

'Haar laatste kans' van Christophe Vekeman staat in de bundel *Señorita's* , De Arbeiderspers 2009.

'Denvis en Richard' is een fragment uit de rockroman *Denvis* van Leon Verdonschot, De Bezige Bij 2009.

'Bestseller' van Robert Vuijsje stond oorspronkelijk als column in *Het Parool.*

De verhalen 'Worst' en 'Romein' van Tommy Wieringa werd eerder gepubliceerd in respectievelijk *Kampeer & Caravan Kampioen* en *Hollands Diep.*

Joost Zwagerman schreef 'Standje Strijkplank' ter gelegenheid van de boekpresentatie van *Ik Jan Cremer 3.* 'Halte Wibautstraat te koop' werd eerder gepubliceerd in *naw Magazine.*